코로나19, 자본주의의 모순이 낳은 재난

이 도서의 국립중앙도서관 출판예정도서목록(CIP)은 서지정보유통지원시스템 홈페이지(http://seoji.nl.go.kr)와 국가자료종합목록 구축시스템(http://kolis-net.nl.go.kr)에서 이용하실 수 있습니다. (CIP제어번호 : CIP2020012445)

코로나19, 자본주의의 모순이 낳은 재난

마이크 데이비스, 알렉스 캘리니코스, 마이클 로버츠, 우석균, 장호종 외 지음

책갈피

코로나19, 자본주의의 모순이 낳은 재난

지은이 | 마이크 데이비스, 알렉스 캘리니코스, 마이클 로버츠, 우석균, 장호종 외
엮은이 | 장호종

펴낸곳 | 도서출판 책갈피
등록 | 1992년 2월 14일(제2014-000019호)
주소 | 서울 성동구 무학봉15길 12 2층
전화 | 02) 2265-6354
팩스 | 02) 2265-6395
이메일 | bookmarx@naver.com
홈페이지 | http://chaekgalpi.com
페이스북 | http://facebook.com/chaekgalpi
인스타그램 | http://instagram.com/chaekgalpi_books

첫 번째 찍은 날 2020년 3월 31일
일곱 번째 찍은 날 2021년 8월 30일

값 12,000원

ISBN 978-89-7966-180-4

잘못된 책은 바꿔 드립니다.

차례

3장 사람보다 기업 이윤이 먼저인 세계 지배자들

4장 과연 문재인 정부가 코로나19 대응을 잘했나?

일러두기

1. 인명과 지명 등의 외래어는 최대한 외래어 표기법에 맞춰 표기했다.

2. 《 》부호는 책과 잡지를 나타내고, 〈 〉부호는 신문, 주간지, 영화, 방송 프로그램을 나타낸다. 논문과 신문 기사 등은 " "로 나타냈다.

3. 본문에서 [ ]는 옮긴이나 엮은이가 독자의 이해를 돕거나 문맥을 매끄럽게 하려고 덧붙인 것이다. 인용문에서 지은이가 덧붙인 것은 [— 지은이]로 표기했다.

4. 본문의 각주는 옮긴이나 엮은이가 넣은 것이다. 지은이의 각주는 ' — 지은이'로 표기했다.

엮은이 머리말

사스-코로나바이러스-2가 세상에 나타난 지 넉 달도 안 된 지금 전 세계에서 1만여 명이 목숨을 잃었다.

초기 발병지였던 중국은 이제 잠잠하지만 많은 이들이 중국 정부의 발표에 의구심을 표하고 있다. 정말로 중국 내 감염자가 크게 줄었다 해도 오늘날 세계적 인구 이동 수준을 고려하면 여전히 안심할 처지가 아니다. 중국 바깥의 확진자 수가 치솟고 있다는 것은 중국에서도 언제든 다시 유행이 시작될 수 있다는 뜻이다.

이 바이러스를 무력화할 수 있는 수단이 아직 인류에겐 없다. 인간 활동을 억제함으로써 감염률을 낮추는 것이 고작인데, 중국 정부가 처음으로 우한 지역을 봉쇄한 지 3개월이 안 된 지금 전 세계에서 25만여 명이 감염된 것으로 확진됐고, 그 수십 배의 인구가 격리되면서 세계경제는 비명을 지르고 있다. 날마다 주가가 폭락하고 주요 선진국 정부들이 막대한 재정을 노동자들에게도(!) 쏟아부을 정도로 위기는 심각해지고 있다. 아무도 이 위기가 언제까지 갈지, 어디까지 갈지 감도 못 잡고 있다.

지배자들의 무능한 대응은 이 체제가 그동안 얼마나 위태롭게 운영돼 왔는지 보여 주고 있다. 가장 발전한 나라들에서 입원할 병실이 없어 죽어 가는 환자가 부지기수다. 백신과 치료제는 먼 미래의 일이다.

감염을 막으려면 사회 활동을 줄여야 한다면서(소위 '물리적 거리 두기*') 공장과 사무실은 운영하도록 하고 있다. 노동자들이 가장 오랜 시간 '사회 활동'을 하는 생산 현장은 자본가들의 눈에 사회가 아닌 듯하다.

이윤 추구를 최고의 행동 원리로 여기는 자본주의 체제의 지배자들은 이윤과 대중의 목숨을 저울질하고 있다. 특히 지금까지는 가장 취약한 집단으로 알려진 노인들을 제물로 바칠 준비를 하고 있는 것으로 보인다. 이를 필사적으로 막아야 한다.

이미 노동자들은 자신과 가족, 동료의 안전을 지키기 위한 행동을 시작했다. 이런 행동이 더욱 확산돼 세계 노동계급의 생명과 삶을 지키게 되길 바란다.

이 책은 대부분 〈노동자 연대〉가 지난 한 달여간 발행한 기사들을 모은 것이다. 미국의 저명한 마르크스주의자인 마이크 데이비스는 자신의 글을 실어도 되겠냐는 출판사의 요청을 받자마자 직접 개정·증보한 원고를 보내 줬다. 특별히 감사를 표한다.

역시 저명한 마르크스주의자이고 영국 사회주의노동자당의 중앙위원장인 알렉스 캘리니코스의 날카로운 논평은 상황을 바라보는

---

* 물리적 거리 두기 세계보건기구(WHO)는 3월 18일(현지 시간)부터 '사회적 거리' 대신 '물리적 거리'라는 표현을 사용하기 시작했다. 사회적 거리 두기(Social distancing)라는 방역 용어가 실제로는 바이러스 전파 예방을 위해 사람들이 서로 물리적 거리를 유지하는 것을 뜻하는데, 자칫 사회적 관계의 단절을 뜻하는 것으로 오해될 수 있기 때문이다.

프리즘 구실을 해 준다.

마이클 로버츠는 영국의 마르크스주의 경제학자로 현재의 경제 위기가 단지 코로나19 때문이 아니라 낮은 이윤율(과 그에 따른 생산적 투자 부족) 때문임을 다양한 근거를 들어 논증한다.

리 험버의 글은 〈노동자 연대〉에는 실리지 않은 글이다. 그는 사스-코로나바이러스-2의 등장 자체가 자본주의적 농축산업 때문임을 보여 준다. 코로나19는 자본주의가 낳고 키운 괴물이다.

〈노동자 연대〉의 기자와 필진은 지난 한 달여간 코로나19에 관해 국내 좌파 중 가장 활발히 정치적 주장을 해 왔다. 이 사건이 끼칠 세계적 파장을 어느 정도 예측하고 진지하게 대응하려 했기 때문이다. 특히 총선을 앞두고 문재인 정부와 그 친위대가 일체의 비판을 차단하려 하고, 심지어 마녀사냥을 통해 책임을 회피하려 할 때 이를 날카롭게 지적하는 구실을 했다. 필자들의 노력이 좌파가 성장하고 노동계급이 저항에 나서는 데 도움이 되길 바란다.

다만 많은 이들이 지적하듯이 코로나19는 이제 '시작' 단계인 것으로 보인다. 지금까지 이 신종 바이러스에 감염된 사람은 전체 인류의 0.01퍼센트도 안 된다. 다시 말해, 전체 인구의 99.99퍼센트가 이 신종 바이러스의 잠재적 숙주로 남아 있다. 따라서 이 상황에 영향을 끼칠 행동이 조직돼야 한다.

이 책을 펴내는 데 도움을 주신 모든 분들께 감사드린다. 특히 지치지 않는 열정으로 〈노동자 연대〉 기자들을 이끌어 온 최일붕 편집자에게 감사드린다. 그의 예리한 통찰과 격려 덕분에 정말이지 많은 글들이 짜임새 있게 나올 수 있었다.

책을 기획하는 데 필요한 결정적 요소들, 글을 고르고 제목을 짓는 일에 도움을 준 김하영, 강동훈에게 감사드린다. 엄청난 속도로 번역과 교정을 해 준 김준효, 이원웅과 빠듯한 일정에도 마다하지 않고 디자인을 해 준 장한빛, 조승진에게 감사드린다.

　모든 글을 꼼꼼히 검토해 준 동료 기자들, 내가 이 일에 집중할 수 있도록 궂은일을 도맡아 묵묵히 수행하고 있는 많은 동료들, 책갈피 출판사 관계자 분들에게도 따뜻한 감사의 인사를 보낸다. 빨리 마스크를 벗고(혹은 벗지 못해도), 평범한 사람들의 생명과 삶을 지키기 위한 투쟁 속에서 함께하기를 기대한다.

2020년 3월 22일
엮은이 장호종

2판 엮은이 머리말

1판은 11편의 글로 구성된 소책자였고 전자책으로만 출판했다. 그러나 며칠 뒤에 출판사의 제안을 받아들여 1판을 대폭 개정·증보한 2판을 종이책으로 내기로 했다.

특히, 2판에는 진화생물학자이자 마르크스주의자인 롭 월리스의 글이 추가됐다. 그는 유엔식량농업기구와 미국 질병통제예방센터에서 인플루엔자 유행에 대한 자문을 맡은 바 있다. 이 글은 독일의 반자본주의 월간지 《마르크스21》이 롭 월리스와 코로나19의 위험성, 산업화된 농업이 끼친 영향, 감염병에 대처하는 지속 가능한 해결책에 관해 인터뷰한 것이다.

또, 국내외 여러 쟁점을 다루는 글들이 추가됐다. 코로나19로 드러난 체제의 민낯과 모순을 폭로하는 글이 대폭 추가됐다. 한편에서는 일자리를 잃고 다른 한편에서는 정부의 모순된 지침(물리적 거리 두기 해라, 그러나 출근해라) 때문에 고통받는 노동자들의 목소리도 실었다. 이런 목소리는 스스로를 지키기 위한 행동으로 이어질 수 있다.

2020년 3월 25일
엮은이 장호종

1장
자본주의는
왜 감염병을
확산시키나?

마이크 데이비스 특별 기고

2020년, 전염병의 해

미국의 사회주의자 마이크 데이비스는 도시사회학·역사학·생태학 등 다양한 분야에서
마르크스주의 분석을 발전시킨 것으로 유명하다. 국내에는 《조류독감: 전염병의
사회적 생산》(돌베개, 2008), 《슬럼, 지구를 뒤덮다》(돌베개, 2007), 《미국의 꿈에 갇힌
사람들》(창비, 1994) 등 10권의 책이 번역돼 있다. 그는 최근 해외 진보 언론들의 요청으로
코로나19 대유행에 관해 글을 여러 편 썼는데, 이 글은 한국의 독자들을 위해 보내온
최신 글이다.

사스-코로나바이러스-2는* 자주 본 옛날 영화 같다. 이미 1994년
에 리처드 프레스턴이 자신의 책 《핫존: 에볼라 바이러스 전쟁의 시
작》에서 중앙아프리카 동굴의 비밀스런 박쥐 동굴에서 탄생한 (훗
날 에볼라바이러스로 알려진) 죽음의 악마를 소개한 바 있다. 에볼
라는 인간의 면역 체계가 경험하지 못한 '미개척지'(적절한 용어다)
에서 잇따라 발생한 새로운 질병들 가운데 최초의 사례였을 뿐이다.

---

* 과학 용어가 대단히 혼란스럽게 사용되고 있다. 국제바이러스분류위원회는 이 바
이러스의 정식 명칭을 '사스-코로나바이러스-2'라고 지정했다. '코로나19'는 이 바
이러스가 전염되는 유행 상태를 지칭하는 말이다 — 지은이.

뒤이어 조류독감이 1997년 인간에게 전파되기 시작했고, 2002년 말에는 중증급성호흡기증후군(사스)이 등장했다. 두 질병 모두 세계 제조업의 중심지 광둥성에서 처음 발병했다.

당연히 할리우드는 전염병 유행이라는 소재를 가져다가 자극적이고 무서운 영화들을 앞다퉈 만들어 냈다(그중 스티븐 소더버그의 2011년 작 〈컨테이전〉은 과학적으로 엄밀하고 지금의 혼돈을 귀신같이 예측한 탁월한 영화다). 감염병이 한 번 번질 때마다 영화뿐 아니라 수없이 많은 선정적 소설, 수백 권의 진지한 분석서, 수천 편의 과학 논문이 쏟아져 나왔다. 다수는 그런 신종 감염병을 발견하고 대처할 태세가 전 세계적으로 전혀 안 돼 있다고 강조했다.

익숙하지만 알 수 없는 괴물

이렇게 해서 코로나19는 익숙한 괴물처럼 우리 눈앞으로 걸어왔다. 바이러스의 유전체(연구가 활발히 이뤄진 사스와 매우 유사하다)를 분석하는 것은 식은 죽 먹기였지만, 가장 중요한 부분들은 아직 미지의 영역이다. 연구자들은 이 바이러스의 특징을 알아내려 밤낮으로 일하고 있지만, 세 가지 큰 난관에 봉착해 있다. 첫째, 특히 미국과 아프리카에서 진단 키트가 줄곧 부족해 증식률, 감염자 수, 사망하지 않은 감염자 수 같은 주요 변수들을 정확하게 추정하기 어려워졌다. 그 결과는 혼란스러운 수치들이다.

둘째, 매년 유행하는 인플루엔자와 마찬가지로 코로나19는 연령

---

* 인플루엔자(influenza) 예전에는 '독감'이라고 부르기도 했지만, 감기와는 다른 병이

구성과 건강 상태가 상이한 인구 집단들을 거치면서 변이하고 있다. 미국인이 걸릴 가능성이 가장 큰 변종은 이미 우한武漢에서 처음 발병한 것과 약간 다르다. 이후의 변이는 사소한 것일 수도 있지만, 바이러스의 독성에 민감한 인구 집단(현재는 50세 이상 연령층)이 바뀌는 [작지 않은] 것일 수도 있다. 도널드 트럼프가 "코로나 독감" 운운하는 것은 최소한 (면역 체계가 취약하고 만성 호흡기 질환이 있는) 미국 노년층의 4분의 1을 치명적 위험에 빠뜨리는 것이다.

셋째, 코로나19가 안정적이고 거의 변이를 일으키지 않는다 해도 빈곤국과 빈곤층에서는 나이 어린 집단이 받는 영향이 크게 달라질 수 있다. 1918~1919년 국제적으로 발병한 스페인 독감을 보라. 스페인 독감은 당시 인류의 1~2퍼센트를 사망케 한 것으로 추정된다. 미국과 서유럽에서, 초기 H1N1[스페인 독감 바이러스]은 젊은 성인에게 가장 치명적이었다. 젊은 성인은 면역 체계가 비교적 강력한데, 그 면역 체계가 과민 반응을 일으켜 폐세포를 공격하고 바이러스성 폐렴과 패혈성 쇼크를 유발한 결과라고 흔히 설명된다. 그러나 최근 몇몇 역학자는 당시 노년층이 바이러스가 처음 유행했던 1890년대에 감염돼 '면역 기억'을 얻었을 수도 있다는 이론을 제시하기도 한다.

여하간에, 스페인 독감 바이러스는 병영과 참호에서 쉽게 퍼져 수많은 젊은 병사의 목숨을 앗아 간 것으로 악명이 높다. 1918년 독일의 춘계 공세가 무너지고 결국 전쟁에서 독일이 패한 것은 독일 등

고, 혼란을 피하기 위해 정부는 '인플루엔자'로 용어를 바꿔 부르기로 했다. 이 책에서는 가급적 인플루엔자로 쓰되 맥락에 맞게 혼용할 것이다. 예컨대, '스페인 독감'처럼 이미 굳어진 용어는 그대로 쓸 것이다. 트럼프는 코로나19가 별것 아니라는 인상을 주려고 "코로나 독감(flu)"이라고 말했다.

동맹국과 달리 연합국은 병든 군인들을 새로 파병된 미군으로 보충할 수 있었기 때문이라는 평가가 있다.

그러나 빈국에서는 스페인 독감의 양상이 달랐다. 당시 전 세계 사망자의 60퍼센트(적게 잡아도 2000만 명이다)가 인도 서부의 펀자브, 뭄바이 등지에서 나왔다는 사실은 거의 알려져 있지 않다. 당시 이곳은 영국으로 막대한 양의 곡물을 수출했고, 곡물 징발이 가혹하게 시행됐으며, 극심한 가뭄까지 겹쳤다. 그 결과 식량 부족으로 수많은 빈민이 기아선상으로 내몰렸다. 결국 이 지역 사람들은 면역 반응을 약화시키는 영양실조와 세균성·바이러스성 폐렴의 유행이 겹쳐 만들어진 재앙적 상승작용에 희생됐다. 이와 비슷한 사례로, 영국 점령하 이란에서는 스페인 독감이 오랜 가뭄, 콜레라, 식량 부족에 뒤이은 말라리아 대유행과 만나 이란인 약 5분의 1의 목숨을 앗아 갔다.

이런 역사(특히 영양실조와 기존 전염병이 상호작용해 낳은 잘 알려지지 않은 결과)를 보면, 코로나19가 아프리카와 남아시아의 북적대고 질병이 들끓는 빈민가에서 더 치명적인 결과를 낳을 수도 있다는 경각심을 느껴야 마땅하다. 일각에서는 사하라 이남 지역 아프리카 도시의 평균연령이 세계에서 가장 낮고 65세 이상 노년층은 전체 인구의 3퍼센트밖에 안 되기 때문에(반면 이탈리아는 노년층 인구가 23퍼센트다) 코로나19의 영향이 가벼울 것이라고 주장했다. 그렇지만 이는 1918년 경험에 비춰 보면 어리석은 추론이다. 그런 가정대로라면 코로나19는 계절성 인플루엔자와 마찬가지로 따뜻한 지역에서는 약화돼야 할 것이다(영화배우 톰 행크스와 그의 배우자는 호주에서 코로나19에 감염됐는데, 감염 당시 호주는 여름이었다).

오히려 3월 15일 〈사이언스〉가 아프리카는 "시한폭탄"이라고 경고한 것이 더 그럴듯하다. 인구 다수가 영양실조 상태일 뿐 아니라 면역 체계가 취약하다는 점은 폭발적 바이러스 확산의 동인이 된다. 지난 한 세대 동안 HIV/AIDS로 아프리카인 3600만 명이 죽었다. 연구자들은 지금도 아프리카인 2400만 명이 HIV 보균자일 것이고 300만 명 이상이 폐결핵 환자일 것이라고 추정한다. 케냐의 키베라, 남아프리카공화국의 카엘리차 같은 초대형 빈민가에서 물리적 거리 두기란 명백히 불가능하며, 아프리카인 절반 이상은 깨끗한 식수나 기초적 위생 시설도 누리지 못한다. 그뿐 아니라 전 세계에서 보건의료가 가장 취약한 여섯 나라 중 다섯 군데가 아프리카에 있고, 그중 하나는 여섯 나라 중 인구가 가장 많은 나이지리아다. 케냐는 의사·간호사를 해외에 파견하는 것으로 유명하지만, 케냐의 중환자 병상은 정확히 130개고, 코로나19가 케냐에 번지면 이에 대처할 수 있는 중환자 전문 간호사는 200명뿐이다.

미국이 위험하다

1년 뒤 우리는 중국의 성공적 방역에 감탄하고 미국의 방역 실패에 경악하며 지금을 돌아보게 될지도 모른다(지금 나는 전파가 급격히 감소했다는 중국의 발표가 어느 정도 정확하다는, 가능성 낮은 가정을 하고 있다). 물론 미국의 기관들이 판도라의 상자를 닫지 못하는 것은 별로 놀랍지 않다. 2000년 이래 미국의 일선 의료 서비스는 거듭 붕괴해 왔다.

수십 년간 이윤 논리에 따라 입원 병상을 줄여 온 결과, 인플루엔자가 전국의 병원들로는 감당할 수 없을 만큼 유행한 2009년과 2018년에 병상이 터무니없이 부족하다는 것이 드러났다. 이 위기는 로널드 레이건이 집권하고 민주당 지도부가 신자유주의의 대변자로 탈바꿈하도록 기업들이 공세를 가하던 시기로 거슬러 올라간다. 미국병원협회AHA에 따르면, 1981~1999년에 미국에서 입원 병상의 39퍼센트가 사라졌다. '재원 환자 수'(병상을 차지한 환자 수)를 늘려 수익성을 높이려는 목적에서였다. 그러나 경영진이 목표한 병상 사용률 90퍼센트 달성이 뜻하는 바는, 전염병 유행기나 의료적 비상 시기에 폭증하는 환자를 수용할 능력이 이제는 없다는 것이다.

민간 부문에서는 단기 배당금과 수익성을 늘려야 한다는 주주가치론 때문에, 공공 부문에서는 긴축재정과 주정부·연방정부 편성 예산 감축 때문에 21세기 들어 응급의료 영역이 계속 축소됐다. 그 결과 중증 코로나19 환자가 급증할 것으로 예상되는 지금, 이 환자들을 수용할 중환자 병상이 4만 5000개뿐이다(미국의 인구 1000명 당 병상 수는 한국의 3분의 1밖에 안 된다). 〈USA 투데이〉 조사에 따르면, 미국에서 "8개 주州만이 코로나19에 취약한 60세 이상 인구 100만 명을 감당할 만큼의 병상을 보유하고 있다."

이런 상황에서, 공화당은 2008년 불황으로 예산이 삭감돼 파탄난 사회 안전망을 복구하려는 노력 일체를 극구 거부하고 있다. 감염병 방어전의 사활적 최전선인 지역과 주州 보건 당국은 주가가 폭락한 2008년 '검은 월요일' 이전에 견줘 인력이 25퍼센트 적다. 설상가상으로, 미국 질병통제예방센터 실질 예산은 지난 10여 년간 10퍼센트 줄었다. 도널드 트럼프 취임 이후 재정 감축은 상황을 악화시켰을 뿐이다. 최근 〈뉴욕 타임스〉는 이렇게 보도했다. "2017회계연도에 지역 병원 예산이 21퍼센트 감축됐다." 트럼프는 백악관 산하 유행병 상황실도 없앴다. 이 기구는 버락 오바마가 2014년 에볼라바이러스 유행 후 신종 전염병에 맞서 잘 조율된 전국적 대응을 신속히 조직하려고 설립했던 것이다.

미국은 의료판 허리케인 카트리나의* 초기 단계에 있다. 전문가 모두가 응급의료를 대폭 확충하라고 권고했는데도 투자하지 않아, 미국에는 인공호흡기나 응급병상 같은 재래식 장비마저 부족하다. 전국적으로나 지역적으로나 비축량은 유행병 모의실험에서 나온 결과에 비춰 턱없이 부족한 수준이다. 그래서 진단 키트 부족으로 소동이 일어났을 때 의료 인력을 위한 보호 장비도 턱없이 모자랐다. 미국 사회의 양심인 [노동조합으로 조직된] 전투적 간호사들은 N95 마스크 같은 필수적 보호 장비를 충분히 비축하지 않으면 매우 위험하다는 것을 모두에게 일깨우려 하고 있다. 이 간호사들은 황색포도상구균과 클로스트리듐디피실 등 항생제 내성균이 자라는 최적의 조건이 병원에 형성됐고, 병동에 환자가 과밀하게 되면 항생제 내성균에 의한 사망자가 속출할 수 있음을 환기시켰다.

계급에 따른 건강 불평등

코로나19 확산으로 보건 영역에서 계급 격차가 극심하다는 점이 즉각 드러났다. '우리의 혁명Our Revolution'[버니 샌더스 선거운동 지지자들의

---

* 허리케인 카트리나 2005년 미국의 가난한 지역을 덮쳐 1000여 명의 목숨을 앗아 간 폭풍.

단체]이 이를 전국적 쟁점으로 만들었다. 좋은 의료보험에 가입해 있고 집에서 일하거나 가르칠 수 있는 이들은 안전 조처만 주의 깊게 따른다면 편안하게 격리될 수 있다. 의료 혜택을 어정쩡하게 누리는 공무원과 조직 노동자는 소득과 자기 보호 사이에서 어려운 선택을 해야 할 것이다. 수많은 저임금 서비스 노동자, 농업 노동자, 실업자, 노숙자는 속수무책으로 방치돼 있다.

모두 알다시피 보편적 의료보험이 의미 있으려면 유급 병가가 보편적으로 보장돼야 한다. 현재 미국 노동인구 45퍼센트가 유급 병가를 보장받지 못하며, 이 때문에 감염병 전파자가 되느냐 입에 풀칠도 못 하느냐 사이에서 선택을 강요받고 있다. 한편, 공화당은 자신들이 주정부를 잡은 14곳에서 '부담 적정 보험법' 도입을 거부하고 있다. 이 법은 저소득층 건강보험(메디케이드)을 가난한 노동자들에게 확대 적용하는 내용을 담고 있다. 이 때문에 예컨대 텍사스주 인구 4분의 1이 [일반 병동에 입원하기에는] 보장 범위가 좁은 보험의 적용을 받고 있어서, 지역 병원에서 치료를 받으려면 응급실을 이용할 수밖에 없다.

전염병이 창궐하는 시기에 민간 보험이 갖는 치명적 모순은 미국 노인 250만 명을 수용하는 영리 요양 산업에서 극명하게 드러난다. 이들은 대부분 노년층 건강보험(메디케어) 대상자다. 영리 요양 산업은 저임금, 인력 부족, 불법적 비용 절감을 특징으로 하는 매우 경쟁적인 산업이다. 요양 시설이 기초적 감염병 대응을 방기하고 정부가 관리 책임을 지지 않아 매년 수만 명이 사망한다. 고의적 살인이라는 말 외에는 달리 표현할 말이 없다. (특히 미국 남부 주들에 있는) 많은 요양원은 인력을 충원해 적절한 훈련을 제공하는 것보다 위생

관리 기준을 위반하고 벌금을 무는 것이 싸게 먹힌다고 여긴다.

시애틀 교외의 커클랜드에 있는 요양원 라이프케어센터가 지역사회 감염의 첫 중심지였던 것도 놀라운 일이 아니다. 나는 시애틀 지역 요양원 노동조합 조직자인 내 오랜 벗 짐 스트라우브와 얘기를 나눴다. 그는 최근 〈더 네이션〉에 관련 글을 기고하고 있다. 스트라우브는 라이프케어센터가 "워싱턴주에서 인력이 가장 부족한 곳 중 하나"라고 말했고, 워싱턴주의 요양원 제도 전반을 "미국에서 재정이 가장 열악하며, 첨단산업의 돈이 흘러넘치는 곳에서 내팽으로 고통받는 어처구니없는 오아시스"라고 묘사했다.

더 나아가 스트라우브는 라이프케어센터에서 시작된 감염이 인근 요양원 10곳으로 눈 깜짝할 새 번진 핵심 요인을 공중보건 당국이 간과한다고 지적했다. "미국에서 임대료가 가장 비싼 지역에 사는 이 요양원 노동자들은 하나같이 일자리가 여러 개입니다. 보통 여러 요양원에서 일하죠." 스트라우브는 당국이 이 노동자들의 둘째 직장 이름과 위치를 찾아내는 데 실패해 코로나19 확산에 대한 통제력을 모조리 상실했다고 말한다. 그리고 현재까지 아무도 감염병에 노출된 노동자들에게 유급 휴직을 권고하지 않고 있다.

미국 전역에서 요양원 수십 곳, 십중팔구 수백 곳이 코로나19의 주요 온상이 될 것이다. 결국 많은 노동자들이 그토록 위험한 조건에서 일하느니 [일자리를 잃고] 푸드뱅크* 신세를 지며 집에 있게 될 것이다. 그러면 요양 시스템이 붕괴할 수도 있다. 주 방위군이 환자들의 요강을 비워 주러 오기를 바랄 수는 없을 것이다.

---

* 푸드뱅크 가난한 사람들이 무료로 음식을 얻는 곳.

보편적 보건의료 서비스와 국제적 연대

코로나19 대유행 사태가 악화되는 국면마다 보편적 의료보험, 유급휴가 보장의 정당성이 널리 회자된다. [민주당의 대선 후보] 조 바이든은 트럼프 비판에 소극적이지만, 버니 샌더스가 제안했듯 진보 진영은 단결해서 민주당 전당대회장을 전 국민 단일 건강보험으로 휩쓸어야 한다. 버니 샌더스와 엘리자베스 워런을 지지하는 대의원 수를 합치면 7월 중순 민주당 전당대회장에서 일정한 영향력을 행사할 만하다. 그러나 우리 모두가 거리에서 하는 구실도 똑같이 중요하다. [집세 미납으로 인한] 퇴거에 맞서, 해고에 맞서, 유급휴가 쟁취를 위해 지금부터 투쟁하는 것 말이다(코로나19 때문에 거리로 나오기 두려운가? 그러면 시위 참가자들 사이에 3미터 간격을 두고 서라. TV에 더 강렬한 이미지로 비칠 것이다. 우리는 거리를 되찾아야 한다).

그러나 보편적 의료보험과 그와 연관된 요구들은 단지 첫걸음일 뿐이다. 실망스럽게도 민주당 대선 후보 예비경선 1차 토론에서 샌더스나 워런 어느 누구도 거대 제약회사들이 새로운 항생제와 항바이러스제 연구·개발을 방기한다는 점을 폭로하지 않았다. 대형 제약회사 18곳 중 15곳이 이 분야에서 완전히 손을 뗐다. 심장약, 중독성 있는 신경안정제, 남성 발기부전 치료제는 이윤 창출의 선두 주자일 뿐, 병원 내 감염, 신종 질병, 전통적 열대 감염병에 대한 방어책이 아니다. 보편적 인플루엔자 백신(즉, 바이러스의 표면 단백질 중 변하지 않는 부분을 겨냥한 백신)은 수십 년 동안 실현 가능한 영역 내에 있었지만 결코 수익성 있는 우선 개발 대상으로 여겨지지 않았다.

항생제 혁명이 후퇴함에 따라 새 감염병과 함께 옛 감염병이 부활하고 병원은 시체 안치소가 될 것이다. 심지어 트럼프조차 터무니없이 높은 진료비를 기회주의적으로 비난할 수 있다. 그러나 우리에게 필요한 것은 의약품 독점을 타파하고 구명 의약품을 공적으로 생산하기 위한 더 대담한 비전이다.(예전에도 구명 의약품은 공적으로 생산됐다. 제2차세계대전 당시 미국 육군은 최초의 독감 백신을 개발하려고 조너스 소크 등의 연구자들을 징집했다.) 나는 15년 전 《조류독감: 전염병의 사회적 생산》에서 다음과 같이 썼다.

백신, 항생제, 항바이러스제를 포함한 구명 의약품 이용은 보편적이고 무상으로 누릴 수 있는 인권이어야 한다. 그런 의약품을 저렴하게 생산할 동기를 시장이 제공할 수 없다면, 정부와 비영리 기관이 그것의 제조와 유통을 책임져야 한다. 가난한 사람들의 생존이 대형 제약회사들의 이윤보다 언제나 더 우선돼야 한다.

코로나19가 유행하는 지금은 여기서 더 나아가야 한다. 이제 자본주의적 세계화는 진정한 국제적 공중보건 인프라 없이는 생물학적으로 지속 가능하지 않은 듯 보인다. 그러나 대중운동이 거대 제약회사와 영리 의료의 힘을 꺾기 전까지 그런 인프라는 결코 존재하지 않을 것이다.

더 나아가려면 인간 생존에 관한 사회주의자들의 독립적 전망이 필요하다. '제2의 뉴딜'도 그 전망의 일부지만 사회주의자들의 전망은 그 이상이다. [2011년] '점거하라' 운동의 나날들 이후 진보 진영은 소득과 부의 불평등에 맞선 투쟁을 성공적으로 시작했다. 훌륭한

성취다. 그러나 이제 사회주의자들은 다음 단계로 나아가야 한다. 의료 산업과 제약 산업을 당면한 표적으로 삼고 경제 권력의 사회적 소유와 민주화를 주장해야 한다.

그러나 우리는 우리 자신의 정치적·윤리적 약점을 정직하게 평가하기도 해야 한다. 새로운 세대가 좌경화하고 '사회주의'라는 단어가 정치 논쟁의 장에 귀환한 것 때문에 우리 모두 고무됐지만, 진보 운동 안에는 새로운 애국주의와 거울쌍인 자국 중심주의라는 껄끄러운 요소도 있다. 미국 좌파들은 미국 노동계급과 미국의 급진적 역사만 말한다(유진 데브스가 뼛속까지 국제주의자였음을 망각한 듯하다). 때로 미국 우선주의의 좌파적 버전과 흡사하게 나아가기도 한다.

코로나19 대유행에 대처하는 과정에서 사회주의자는 국제적 연대의 시급성을 기회가 있을 때마다 일깨워야 한다. 구체적으로, 사회주의자는 자신의 진보적 친구들과 그들이 따르는 인기 정치인들이 진단 키트, 보호 장비, 구명 의약품 대량생산과 빈곤국에 대한 무상분배를 요구하게끔 선동해야 한다. 보편적 보건의료가 국내 정책뿐 아니라 대외 정책 또한 되게끔 하는 것은 우리 손에 달렸다.

질병은 왜 확산되는가?: 자본주의와 농축산업

바이러스 감염병 유행은 드물지 않게 벌어진다. 미국 질병통제예방센터는 이번 절기 인플루엔자가 지난 몇 년간 최악이라고 지적한다. 미국에서만 1900만 명이 걸렸고, 18만 명이 입원했으며, 1만 명이 사망했다.

영국에서도 2018~2019년 겨울에 인플루엔자로 사망한 사람이 2019년 2월까지 200명이 넘었고, 감염자 수가 비교적 적었는데도 위독한 환자가 2000명이 넘었다. 바이러스의 독성이 더 심해졌다는 말이다. 감염 전까지는 건강하던 사람들도 인플루엔자 감염으로 위독해졌다.

2017~2018년 겨울에 영국에서는 160여 명이 인플루엔자로 사망했고, 많은 환자가 중환자실에서 치료받았다.

전 세계적으로는, 2009~2010년에 인플루엔자의 변종인 신종플루H1N1로 첫해에만 57만 9000명이 사망했다. 이는 예상보다는 적은 수치였다. 그러나 신종플루는 애초 예측보다 15배나 많은 만성 합병증을 유발했으며, 아흐레도 안 돼 전 세계로 번졌다. 21세기 들어 북미와 남미에서는 인플루엔자 유행이 다반사가 됐다. 중국에서 시작한 코로나19는 이런 맥락에서 이해해야 한다. 우리는 치명적인 바이러스 감염병 대유행 위협이 실질적인 세계에 살고 있다.

코로나바이러스는 일반 감기부터 중동호흡기증후군(메르스)과 사스 같은 중증 질환까지 다양한 질병을 일으키는 바이러스들과 같은 과에 속해 있다. 코로나바이러스는 동물 유래(동물에서 사람으로 전염되는) 바이러스다. 사스는 사향고양이에서 사람에게로, 메르스는 단봉낙타에서 사람에게로 전염됐다. 아직 인간에 전염되지 않고 동물들 사이에서만 돌고 있는 코로나바이러스의 종류가 얼마나 많은지는 알 수 없다. 바이러스가 계속 변이하기 때문에 파악하기도 어려울 것이다.

코로나바이러스에 감염됐을 때 공통으로 나타나는 증상에는 호흡기 질환, 발열, 기침, 숨가쁨, 호흡 곤란 등이 있다. 더 심각해지면 폐렴, 중증급성호흡기증후군, 신부전 등이 생기거나 사망할 수 있다.

이 글을 쓰고 있는 시점에, 중국에서만 7만 7000명 이상이 코로나19에 감염됐고 2663명이 사망했다. 전 세계 감염자는 8만 명을 넘어섰다.*

중국의 바이러스학 전문가 관이는 이번 코로나19 진원지인 우한을 방문한 후 이렇게 말했다. "보수적으로 추정해도 이번 유행의 규모는 사스 때의 최소 10배 수준에 이를 수 있다." 2002~2003년 사스 유행으로 전 세계에서 약 800명이 사망했다.

이 치명적인 바이러스는 어떻게 발생한 것인가? 여러 추측이 있는데, 대개 우한의 식용 야생동물 시장과 관련짓는다. 마르크스주의자

---

* 9월 13일 현재 전 세계 감염자는 2863만 명, 사망자는 91만 명을 넘어섰다.

이자 진화생물학자인 롭 월리스가 말했듯이, 최초 발생지가 우한 야생동물 시장임을 암시하는 증거가 있다(많지는 않다). 우한 시장에서 채취한 표본 585개 중 33개가 사스-코로나바이러스-2 양성이었고, 그 33개 중 31개는 야생동물 거래처가 집중된 구역에서 나왔다. 그러나 양성 결과 표본 중 41퍼센트만이 야생동물을 판매하는 상점과 그 주변에서 채취된 것이다. [나머지는 쓰레기 수거 차량에서 채취됐다.] 초기 감염자의 4분의 1은 우한 시장을 방문한 적이 없었다. 최초 감염 사례는 우한 시장에서 전파가 일어나기 이전에 생긴 것으로 규명됐다.

사스-코로나바이러스-2의 발생 원인은 밝혀질 수도 있을 것이다. 그러나 왜 다양한 바이러스 감염병이 세계적으로 확산하고 늘어나는 것인지, 왜 바이러스의 독성이 심해지는 것인지, 왜 바이러스가 이전보다 더 빠르게 더 널리 확산하는 것인지는 규명되지 않을 것이다. 그 이유를 알려면, 자본주의가 어떻게 치명적 바이러스가 번창할 환경을 조성하는지를 이해해야 한다.

중국이 좋은 출발점이다. 지난 50년간, 특히 2000년 이래로, 중국의 공업적 식품 생산은 전례 없는 규모로 성장했다. 예컨대, 1997년에 [홍콩에서] 조류인플루엔자H5N1가 발생했을 때, 중국 남부의 광둥성에서는 닭 7억 마리가 사육되고 있었다. 이 닭들은 사료 제조기와 가공 공장을 기반으로 수직 통합된 공업적 환경에서 부화·사육·도축·가공됐다. 1990년대 내내 가금류 생산은 놀랍게도 매년 7퍼센트씩 성장했다. 오리·거위를 비롯한 가공 가금류 수출액은 1992년 600만 달러에서 1996년 7억 7400만 달러로 증가했다.

인구 과밀화

이 같은 가금류 생산 증대와 함께, 주장강 삼각주 지역에서는 단기 체류 인구가 크게 늘면서 인구 과밀화가 벌어졌다. 홍콩과 연결돼 있는 주장강 삼각주 지역은 세계적으로 중요한 수출입 중심지의 한 곳이 됐다. 이곳은 해외로뿐 아니라 중국 내륙으로 연결되는 광범한 수송로를 갖추고 있다. 가금류 생산의 어마어마한 집약화는 인구 증가가 광둥성 습지에 가한 압력과 결합되면서 바이러스 감염병이 꼬리에 꼬리를 물고 발생해 1년 내내 유행하는 일이 벌어졌다. 월리스는 이 현상을 "맹독성 래칫"이라고* 불렀다.

집약적이고 공업적인 식품 생산 때문에 바이러스가 가금류를 숙주 삼아 변이·확산할 기회가 풍부해졌다. 동시에 이 지역은 인구가 많고 인구밀도도 높아서 바이러스가 인간에게 침투할 수 있는 양방향 연결 통로가 마련됐다.

이 같은 대규모 식품 산업은 더 전통적인 육류 시장과 희귀 음식의 소비와 나란히 자리한다. 삼림 파괴를 통한 농업 생산의 확대 탓에 와일드푸드** 생산자들은 더 깊은 오지로까지 밀려 들어가야 했고, 이 과정에서 월리스의 표현처럼 "알려지지 않은 매우 다양한 종류의 감염병 병원체 원형原型을 건져 올렸다."

---

* 래칫 톱니바퀴가 한쪽 방향으로만 돌도록 만든 장치. 한 방향으로만 나아가고 되돌릴 수 없음을 뜻한다. 즉 '맹독성 래칫'은 독성이 점점 강해진다는 뜻이다.

** 와일드푸드 야생 환경에서 기른 동식물 식품을 뜻한다. 사람이 재배하거나 사육한 것보다 맛과 영양이 뛰어나다며 한국에서는 일종의 건강식품으로 알려져 있다.

이런 공업형 농축산업을 보면, 어쩌다 우리 사회가 치명적 잠재력이 있는 신종 바이러스가 해마다 나타나서 전 세계를 위협하는 지경에 처했는지를 알 수 있다.

카를 마르크스는 공업화된 농업이 인간의 건강과 삶에 다종다양한 위험을 야기한다는 것을 알고 있었다(이는 거의 알려지지 않았던 마르크스의 여러 메모에 대한 최근 연구를 보면 알 수 있다). 사실 마르크스는 19세기 중반(역사가들은 이 시기를 "2차 농업 혁명"의 시대라고 부른다) 영국의 공업적 식품 생산 체계를 구체적이고 정교하게 비판했다.

마르크스는 식품의 생산·분배·소비 과정을 연구했을 뿐 아니라, 그 과정이 식품 "체제"를 변화시키는 것의 문제점임을 최초로 알아차렸다. 이런 인식은 후대에 자본주의 식품 시스템에 대한 논의의 핵심으로 자리잡았다. 마르크스는 식량·물·주거·의류 등 생활수단 일체를 생산하는 것이 "인간 존재의 첫째 전제조건"이라는 생각에 기초해서 역사에 대한 유물론적 개념의 기초를 닦았다.

그는 《자본론》에서 이렇게 썼다. "모든 노동은 처음에는 식량의 전유·생산을 목표로 한 것이었다." 영양가 높고 안전한 식량을 확보하는 것이 제일 중요했다.

마르크스는 19세기 중반에 등장한 새로운 품종 개량 방식이 동물 학대라고 거침없이 비판했다. 양과 소는 살집이 실해지고 두툼해지도록 개량됐는데, 뼈가 견디지 못할 정도로 살코기와 지방이 많아져서 동물이 자기 몸무게를 지탱하기도 힘들 지경이었다.

식용으로 길러지는 동물의 성장 속도가 빨라져서, 양과 소는 5년이 아니라 2년 만에 도축됐다. 유제품 생산을 늘리려고 송아지는 더 일찍 젖을 뗐다. 거세한 수송아지를 외양간의 비좁은 곳에서 기르는 방식이 점점 확산됐다. 소에게 성장 촉진 성분이 포함된 복합 사료를 먹였는데, 더 기름진 거름을 만드는 데 쓰이는 수입 깻묵도 먹였다. 수송아지 한 마리당 매일 4.5킬로그램의 깻묵을 먹이고, 다 자라는 순간 도축했다.

마르크스는 이렇게 썼다. "동물들은 이 감옥 안에서 태어나서 도축될 때까지 머문다. 이 체제는 단지 고기와 지방을 더 얻으려고 뼈의 발달을 중단시키는 비정상적인 방식으로 동물을 기르는 사육 시스템을 만들어 냈다. 이와 달리 초기의 동물들은 자유로운 공기를 마시며 활발하게 지냈다. 문제는 이 체제가 궁극적으로 생명력의 심각한 저하를 초래하지 않을까 하는 점이다."

공장형 축산

이 시스템을 현대의 공업적 가금류 생산과 비교해 보자. 1940년에 헨리 월리스 주니어는 미국 농업부 장관이자 부통령이던 그의 아버지 헨리 월리스 시니어의 농기업에서 분사한 기업인 하이라인인터내셔널에서 공업적으로 교배된 닭의 첫 품종을 개발했다. 그로부터 10년도 지나지 않아서 세계의 거의 모든 상업적 가금류 사육자들이 이 개량종 닭으로 고기를 생산했다.

오늘날 세계 가금류 생산의 거의 75퍼센트를 극소수 기업이 차지한다. 2006년에는 초기 3세대 '육계'(고기를 얻기 위해 기르는 닭)을 기르는 주요 축산 기업 중 4곳만 살아남았는데, 이는 1989년의 11곳에서 줄어든 것이었다. 같은 기간 산란계(달걀을 얻기 위해 기르는 닭) 품종을 기르는 기업은 10개에서 2개로 줄어들었다.

독일 EW(에리히 베스요한) 그룹이 홀로 전 세계 흰색란 생산의 약 70퍼센트를 통제한다. 헨드릭스제네틱스는 갈색란 생산의 80퍼센트를 통제하고, 칠면조·육계·돼지 축산 기업인 넛트레코의 주식 50퍼센트를 보유하고 있다. 그리모 그룹은 세계 2위의 조류 유전학 기업이다. 가금류 기업 빅4 중 마지막인 코브-반트레스는 세계 최대 닭고기 가공·판매 업체 타이슨푸드가 소유하고 있다.

의도치 않은 다양성을 줄이기 위해 생산은 엄격하고 철저하게 관리된다. 2009년 시카고에 기반을 둔 동물권 단체 '동물을 위한 자비'는 하이라인의 부화장에서 고기를 가는 기계에 수컷 병아리들을 넣는 동영상을 공개했다. 달걀을 낳지 못하는 수컷 병아리를 갈아 버리는 행위는 업계의 표준이다.

하이라인의 제인 폴튼은 이렇게 해명했다. "우리는 재정적으로 여유가 없다. 필요한 경제적 수준에 미치지 못하는 품종은 제거될 것이다." 이러한 품종 제거의 결과로 단일 품종 육성이 세계 가금류 생산의 특징이 됐다. 이런 품종 개량 탓에 이제 닭들은 신종 바이러스에 대한 면역력을 얻지 못한다. 유전자 풀이 제한적이기 때문에 변이하는 바이러스에 대한 면역 반응의 다양성도 제한된다. 따라서 가금류와 인간 사이의 바이러스 교차 감염 가능성도 증가한다.

동물들은 거대한 "공장형 농장"의 끔찍한 환경 속에서 사육된다. 양계장에서는 육계 수만 마리가 살찌워진다. 이 닭들은 (더 빠른 회전율과 더 많은 이윤을 위해) 빠르게 살찌고, 흰 살코기에 대한 선호를 반영해 가슴살이 비대해지도록 사육되고 있다.

이 닭들이 섭취하는 에너지의 너무 많은 부분이 몸통 성장에 쓰이기 때문에 활동량은 극도로 낮다. 성장하면서 배설물이 쌓이는데도 닭들은 대부분의 시간을 앉아서 보낸다. 그 결과 닭들은 배설물과 상시 접촉 상태고, 대개 가슴 깃털이 빠지고 염증에 시달린다.

양계장 청소는 오직 닭들이 출하된 후에만 한다. 그나마 배설물은 완전히 제거되지 않고, 다음 닭들이 들어오기 전에 톱밥을 얇게 깔아 예전 것을 덮는 수준이다.

대부분 희미한 조명(기업들은 자연광을 차단하곤 한다) 아래서 사육된 이 닭들은 6~8주 동안 양계장 안에서만 산다. 닭들은 항생제와 성장 촉진 첨가물이 함유된 사료를 먹지만, 좁은 사육 환경에서 많은 수가 죽는다. 대다수 상용등급 가금류 사료에는 비소를 첨가해, 배송·판매하는 동안 살코기가 분홍색으로 유지되도록 한다.

이는 윌리스가 신종 바이러스(특히 인플루엔자 바이러스)의 "진정한 백화점"이라 부른 상태가 조성될 최적의 환경이다. 취약한 숙주가 새로 공급되는 것은 바이러스의 독성이 진화되는 핵심 요인이다. 감염시킬 숙주가 충분히 존재하는 한 바이러스는 계속 진화할 수 있다. 따라서 공업화된 [축산업에서 길러지는] 가축은 치명적인 병원체가 자라나는 데에 이상적 개체군이다.

더 많은 백신 개발이 해결책일까?

유전적 단일 품종 사육은 감염병의 전염을 늦출 수 있는 면역 장벽을 없애 버린다. 개체 수가 많고 밀도가 높아지면 전염 속도는 더 빨라진다. 붐비는 환경은 면역 반응을 억제한다. 가축의 회전율이 빠르다는 것은 질병에 취약한 숙주가 계속 새로 공급된다는 뜻이다.

인플루엔자 감염병은 어떤 동물종에서든 재빨리 전염 임계치에`
도달해야 한다. 왜냐하면 닭·오리·돼지 등 공업적으로 길러지는 가
축들은 적당한 크기가 되면 즉시 도축되기 때문이다. 닭이 가공 처
리에 들어가는 연령이 60일에서 40일로 줄어드는 것 같은 생산 혁
신은 바이러스에게는 전염 임계치에 더 빨리 도달해야 한다는 [진화
적] 압력으로 작용한다.

일단 바이러스 감염이 발생하면 살처분은 해결책이 못 된다. 바이
러스에 대한 대책으로 전체 무리를 빨리 살처분하면 유행하는 바이
러스 종에 저항력을 가진 개체가 [자연] 선택되는 것을 막는다. 즉, 면
역력을 획득할 잠재력이 있는 동물이 도살되면서, 바이러스 감염이
반복된다.

자본주의 생산양식에 내재돼 있을 뿐 아니라 신자유주의 50년
동안 세계화되고 집약화된 산업 관행 때문에 점점 더 치명적인 병원
체가 번식되고 있다. 이런 감염병 유행의 패턴은 우연하게 생겨난 것
이 아니다. 우리가 먹는 식품을 생산하는 방식이 낳은 결과다.

그렇다면 우리는 무엇을 할 수 있을까? 항바이러스 백신을 더 많
이 만들면 해결될까? 월리스가 '분자적 서사'라고 부른 지배 담론은
다음과 같다. '질병과 건강 악화는 바이러스와 면역력 사이의, 그리
고 바이러스의 진화와 인류의 백신 생산 능력 사이의 전투에 달려
있다. 이는 자연 대 과학의 대결이다.'

---

* 전염 임계치 한 숙주에서 증식한 바이러스가 다른 숙주로 전파되는 데 필요한 바이
러스의 최소량(수). 바이러스의 양이 많아지면 전파 확률이 높아지지만 그만큼 기
존 숙주의 활동성을 떨어뜨려 전파 능력을 떨어뜨린다. 바이러스와 숙주의 특성뿐
아니라 숙주가 놓인 환경 등으로부터도 영향을 받는다.

이런 서사는 (농약·제초제·살충제 제조 산업의 선두 주자이자 몬산토를 10억 달러에 인수한 후 세계 최대 종자 회사가 된) 바이엘 같은 거대 제약회사가 좋아할 만한 말이다.

일단 우리를 병들게 하는 식품, 즉 생산과정에서 치명적 바이러스의 유행 위험을 야기하는 식품을 판다. 그러고는 우리를 치료할 약을 판다. 이것은 정말 모욕적이고 말도 안 되는 짓거리다. 사실상 약은 인류의 일반적인 건강 필수품인 동시에 환경 오염을 야기하는 촉매제이기도 하다.

우리는 이미 답을 알고 있다. 산림을 파괴하고 토양에서 천연 영양소를 침출시키는 공업화된 농업과 공장형 농장을 철폐하고, 계획적이고 집산화된 안전하고 인도적인 농축산업, 지속 가능하고 우리에게 필요한 영양소를 제공하는 농축산업으로 대체해야 한다.

우리가 이렇게 하지 못하는 이유는 지식이 부족하거나 필요가 없어서가 아니다. 식품을 만드는 생산수단을 엄청 부유한 극소수의 자본가가 소유하고 있기 때문이다. 이 자본가들과 그들이 속한 지배계급은 건강에 해롭고 잠재적으로 치명적인 식품 생산 체계를 유지하는 데에 이해관계가 있다. 그들에게 생산수단의 소유권을 포기하는 것은 자기 자신을 포기하는 것이나 마찬가지다. 인류를 위해서라도 우리는 이 체제를 그들에게서 빼앗아야 한다.

원문: Lee Humber, "What makes a disease go viral?", *Socialist Review* 455(March 2020).

진화생물학자 롭 월리스 인터뷰

코로나19 위기의 구조적 원인은 무엇인가?

코로나19 때문에 전 세계가 충격에서 헤어나지 못하고 있다. 그러나 각국 정부는 전염병 대유행의 구조적 원인을 해결하려 하기보다는 눈앞에 닥친 상황을 모면하는 데 급급하다. 다음은 독일의 반자본주의 월간지 《마르크스21》이 진화생물학자 롭 월리스와 코로나19의 위험성, 공업화된 농업이 끼친 영향, 감염병에 대처하는 지속 가능한 해결책에 관해 인터뷰한 것이다.

Q. 이 신종 사스-코로나바이러스-2는 얼마나 위험합니까?

지역 감염이 어떤 국면인지에 달려 있습니다. 이제 막 시작됐는지, 절정인지, 진정 국면인지에 따라 다를 것입니다. 지역 공중보건 체계의 기민함, 인구구성, [환자의] 연령대, 면역학적 취약성, 전반적 건강상태도 따져 봐야 합니다. 지금은 진단할 수 없는 가능성이기는 하지만, 면역유전학적 조건, 즉, 면역반응의 기저에 있는 유전자가 바이러스와 부합하는지의 여부도 영향을 줄 수 있습니다.

Q. 그러면 코로나19를 둘러싼 이 모든 소동은 공연히 공포를 부추기는 것일 뿐인가요?

아니요. 절대 그렇지 않습니다. 중국 우한에서 감염이 시작됐을 당시 코로나19는 증례치명률[이하 '치명률']이* 2~4퍼센트였습니다. 우한 외 지역에서 치명률은 1퍼센트 이하인 듯하지만, 어떤 곳에서는 치명률이 급등하는 듯 보입니다. 현재 이탈리아와 미국 내에서 그런 사례가 나타나고 있죠. 치명률이 10퍼센트인 사스, 5~20퍼센트인 1918년 스페인 독감, 60퍼센트인 '조류인플루엔자H5A1', 한때 치명률이 90퍼센트에 이른 에볼라바이러스에 견줘 보면 코로나19의 치명률은 그리 높지 않아 보입니다. 치명률이 0.1퍼센트인 계절성 인플루엔자에 비하면 뚜렷이 높지만 말입니다. 그러나 위험성은 단지 사망률의 문제가 아닙니다. 침투율, 즉 인간 사회에 대한 공격률을 알아내야 합니다. 다시 말해 [단지 사망한 비율이 아니라] 전 세계에서 감염된 사람 수도 알아내야 한다는 것입니다.

Q. 더 구체적으로 말씀해 주십시오.

오늘날 세계 교통망은 역사상 가장 밀접합니다. 코로나19에 대한 백신이나 명확한 치료약이 없고 현재로서는 집단면역도** 형성돼 있지 않기 때문에, 사망률이 단 1퍼센트라도 심각하게 위험할 수 있습니다. 코로나19의 잠복기가 최대 2주에 이르고 증세가 나타나기 전에도 전염이 가능하다는 증거가 점점 느는 것을 보면, 감염에서 자유로운 곳은 거의 없을 듯합니다. 코로나19 치명률이 1퍼센트라고

---

* **증례치명률** 의학적 관리를 받는 환자 중 사망한 비율. 전체 감염자를 파악하기 어려워 치사율을 낼 수 없을 때 쓰는 통계다.

** **집단면역**(herd immunity) 집단 내 구성원 다수가 면역력을 갖고 있어서 면역력을 갖지 못한 소수도 질병에 감염될 확률이 매우 낮은 상태, 혹은 집단을 대상으로 예방접종을 해 이런 상태를 만드는 것.

가정하면, 40억 명 감염 시 4000만 명이 사망하는 겁니다. 전체 숫자가 크면 비율이 낮아도 절대치는 큽니다.

Q. 다른 치명적 병원체보다 치명률이 낮은 듯 보이지만 실제로는 무시무시한 수치네요.

물론입니다. 그리고 지금은 전염 초기에 불과합니다. 신종 감염병 다수가 전염 과정에서 변한다는 점을 이해하는 것이 중요합니다. 물론, 그러면서 감염력, 병독성이 모두 약화될 수도 있습니다. 그러나 전염 과정에서 병독성이 훨씬 커지는 경우도 있습니다. 스페인 독감은 1918년 봄 1차 유행 때 비교적 가벼운 감염병이었습니다. 그러나 1918년 겨울에서 1919년에 걸친 2차, 3차 유행 때는 무수히 많은 사람의 목숨을 앗아 갔습니다.

Q. 그러나 보통의 계절성 인플루엔자보다 감염자·사망자 수가 훨씬 적으므로 대유행으로까지 나아가지는 않을 거라는 시각도 있습니다. 어떻게 생각하십니까?

코로나19가 별것 아닌 것으로 드러나면 저도 기쁠 겁니다. 그러나 다른 치명적 질병을 들이대며 코로나19가 위험하지 않다고 일축하려는 이런 시도는, 코로나19에 대한 우려를 폄훼하는 말장난입니다.

Q. 계절성 인플루엔자와 비교하는 것은 적절치 않다는 말씀이시군요.

서로 다른 유행곡선* 구간에 있는 두 병원체를 비교하는 것은 어

---

* 유행곡선 시간에 따른 감염자 수 추이를 보여 주는 곡선.

리석은 짓입니다. 물론 세계보건기구WHO 추산에 따르면 계절성 인플루엔자는 매년 수백만 명의 감염자와 65만 명의 사망자를 냅니다. 그러나 코로나19의 유행곡선은 이제 막 그리기 시작했을 뿐입니다. 그리고 계절성 인플루엔자와 달리 코로나19는 백신도 없고, 감염 속도를 늦추고 취약 집단을 보호할 집단면역도 형성돼 있지 않습니다.

Q. 그런 비교에 오해의 소지가 있다 해도, 두 병원체 모두 바이러스고 심지어 둘 다 RNA바이러스로 특정하게 분류되지 않나요? 두 바이러스 모두 구강, 인후, 때로는 폐에 영향을 줍니다. 둘 모두 전염성이 매우 높고요. 그렇지 않습니까?

그렇긴 합니다만, 말씀하신 것들은 표면적 유사성일 뿐 그것만 보면 두 병원체의 핵심적 차이를 놓치게 됩니다. 우리는 계절성 인플루엔자의 역학에 관해 많은 것을 압니다. 그러나 코로나19의 역학에 관해서는 거의 아는 것이 없습니다. 이 방정식에는 미지수가 너무 많아요. 코로나19가 한껏 창궐하기 전까지는 모르는 채로 남아 있는 요인들도 있을 것입니다. 또, 두 바이러스를 대립시킬 문제가 아님을 이해하는 것이 중요합니다. 코로나19는 코로나19고 계절성 인플루엔자는 계절성 인플루엔자입니다. 다중 감염이 대유행해 인구 집단들을 [여러 바이러스가] 한꺼번에 타격할 수 있다는 것이 핵심적 우려 사항이어야 합니다.

Q. 선생님께서는 여러 해 동안 유행병과 그 원인을 연구하셨습니다. 저서 《거대 농장이 거대 독감을 낳는다Big Farms Make Big Flu》에서 선생님은 공

업화된 농업, 생태적 농업, 바이러스성 전염병 사이의 관계를 규명하려 하셨습니다. 무엇을 알아내셨나요?

새로운 감염병이 유행할 때마다 제기되는 진정한 위험은 모든 새로운 코로나19[와 같은 감염병] 발병이 개별적 사건이 아님을 이해하지 못하는(더 정확히 말하면 편리하게 무시하는) 데에 있습니다. 새로운 바이러스가 많이 나타나는 것은 식량 생산, 다국적기업의 수익성과 밀접하게 관련돼 있습니다. 바이러스가 갈수록 위험해지는 이유를 이해하려면 공업화된 농업, 특히 공업화된 축산업을 조사해야 합니다. 현재 그럴 태세가 된 정부나 과학자는 거의 없습니다. 오히려 정반대입니다.

새로운 감염병이 유행하면 정부·언론·의료계는 개별 응급 상황에 초점을 맞출 뿐, 관심을 받지 못하던 여러 병원체들이 하나하나 삽시간에 세계적 유명세를 타게 하는 구조적 원인은 무시합니다.

Q. 그 구조적 원인은 누구의 탓입니까?

저는 공업화된 농업을 지목했지만, 더 큰 구조적 원인이 있습니다. 자본은 전 세계에서 마지막 남은 원시림과 소농 경작지까지 남김없이 정복하려 합니다. 이들의 투자는 삼림 파괴와 개간을 추동하면서 새로운 질병이 생겨날 조건을 만들어 냅니다. 다양하고 복잡한 기능을 하는 대규모 토지를 일률적으로 개간하면서 이전까지는 한곳에 갇혀 있던 병원체가 그 지역의 가축과 주민에게 전염됩니다. 요컨대 런던, 뉴욕, 홍콩 같은 자본 중심지를 질병의 주요 거점으로 간주해야 한다는 것입니다.

Q. 어떤 질병이 그런 사례인가요?

현재 자본과 무관한 병원체는 없습니다. 아주 오지에 있는 병원체도 비록 멀리서이긴 하지만 자본에 영향을 받습니다. 에볼라바이러스, 지카바이러스,* 코로나바이러스, 황열병, 조류인플루엔자의 여러 변종, 아프리카돼지열병 등 많은 전염병이 오지에서 발병해 교외로, 지역의 중심지로 번졌고, 결국에는 세계 교통망을 타고 번졌습니다. 콩고의 과일박쥐가 진원지인 것으로 추정되는 에볼라바이러스는 몇 주 만에 미국 마이애미에서 일광욕을 즐기는 사람들에게 번졌습니다.

Q. 그 과정에서 다국적기업들은 어떤 구실을 했습니까?

오늘날 지구는 유기물질의 총량으로 보나 토지 사용으로 보나 하나의 거대한 공업화된 농장입니다. 농업 기업들은 식료품 시장을 지배하려 합니다. 거의 모든 신자유주의 프로젝트는 더 발전한 산업국가에 기반을 둔 기업들이 더 약한 나라의 토지와 자원을 약탈하는 것을 지원하기 위한 것입니다. 그 결과, 오랜 기간 진화한 삼림 생태계에 가로막혀 있던 여러 새로운 병원체가 풀려나와 전 세계를 위협하게 됐습니다.

Q. 농업 생산 방식이 여기에 미친 영향은 무엇입니까?

농업이 자본의 필요에 따라 조직되고 자연 생태계를 쓸어버리기 때문에, 병원체가 위험성과 전염성을 극대화하는 방향으로 진화할

---

* 지카바이러스(ZIKV) 1947년 우간다의 지카 숲에서 최초로 발견돼 붙은 이름으로, 모기에 의해 전염되며 태아의 소두증을 유발하는 것으로 알려져 있다.

수 있었습니다. 치명적 질병을 이만큼 잘 배양하는 체제도 없을 것입니다.

Q. 어째서 그렇습니까?

가축의 유전적 동질성이 높아짐에 따라, 질병의 전파 속도를 늦출 수도 있는 면역 장벽이 사라집니다. 높은 개체 수와 사육 밀도는 전파율을 높입니다. 가축이 매우 밀집한 환경은 가축의 면역반응을 약화시킵니다. 모든 공업 생산이 그렇듯이 축산업계도 시간당 산출량을 늘리려 합니다. 그러면서 질병에 취약한 새로운 개체를 계속 공급합니다. 이는 병독성을 높이는 방향으로 바이러스의 진화를 촉진합니다. 다시 말해 이윤에 눈이 먼 농업 기업들은 10억 명을 죽일 수 있는 바이러스의 배양을, 그저 감수할 만한 위험으로 여긴다는 것입니다.

Q. 정말요?

농업 기업들은 역학적으로 위험한 짓을 하고는 그 비용을 남들에게 떠넘기고 있는 것입니다. 동물, 소비자, 농부, 지역 환경, 여러 정부가 (관할권과 국경을 불문하고) 그 비용을 치를 것입니다. 그 막대한 피해의 대가를 농업 기업의 대차대조표에 넣는다면 현존하는 농업 산업은 모조리 끝장날 것입니다. 개별 기업은 자신들이 초래한 손실의 대가를 절대 감당할 수 없습니다.

Q. 많은 언론은 코로나19 발원지가 우한의 "희귀 음식 시장"이라고 주장합니다. 이런 설명은 진실인가요?

그렇기도 하고 아니기도 합니다. 그 주장을 뒷받침하는 공간적 증거들이 있습니다. 감염 경로를 따라가면 야생동물을 팔던 우한의 화난 수산도매시장으로 이어집니다. 우한 시장에서 채취한 시료들은 야생동물을 가둬 둔 시장 서쪽 끝 구역을 진원지로 가리키는 듯합니다.

그러나 얼마나 거슬러 올라가서 어디까지 조사해야 할까요? 사태는 정확히 언제 시작된 걸까요? 수산도매시장에만 초점을 맞추면 외곽 오지에서 야생 농업이 출현하고 점점 시장화된 현실을 간과하게 됩니다. 전 세계적으로, 그리고 중국에서도 와일드푸드(야생 식품)는 점차 어엿한 공식 경제 부문처럼 되고 있습니다. 그러나 농업 기업과 와일드푸드 부문의 관계는 그저 식품 시장을 나눠 갖는 것에 그치지 않습니다. 돼지·가금류 등의 공업화된 생산이 원시림으로 확장되면, 와일드푸드 생산자들은 야생 생물 개체군을 찾으러 더 깊은 숲으로 들어가게 됩니다. 그러면서 코로나19 같은 신종 병원체와 접촉면이 넓어지고 그런 병원체가 전파되는 것입니다.

Q. 코로나19 이전에도 중국 정부가 중국에서 발생한 바이러스를 은폐하려 한 적이 있지 않나요?

그렇습니다. 그러나 이는 중국만의 현상이 아닙니다. 미국과 유럽도 최근 H5N2[저병원성 조류인플루엔자]와 H5Nx 등 신종 인플루엔자의 진원지였습니다. 그 나라들의 다국적기업들과 신식민주의적 대리자들은 아프리카 서부에서 에볼라바이러스, 브라질에서 지카바이러스를 탄생시킨 주범이었습니다. 미국 보건 당국은 2009년 유행한 H1N1[신종 인플루엔자]과 [2017년 유행한] H5N2에 대한 농업 기업들의 책임을 은폐했습니다.

Q. 현재 세계보건기구는 "국제 공중보건 비상사태"를 선포했습니다. 이런 조처가 옳은 것일까요?

그렇습니다. 코로나19 같은 병원체가 나타나면 보건 당국들이 위험성의 통계적 분포를 제대로 파악하지 못할 위험이 있습니다. 우리는 병원체가 어떤 반응을 일으킬지 모릅니다. 우한의 한 시장에서 시작된 전염이 몇 주 만에 전 세계로 번졌습니다. 병원체가 제풀에 꺾일 수도 있습니다. 그러면 매우 좋겠죠. 그러나 알 수 없는 일입니다. 더 철저히 대비하면 병원체의 전파 속도를 늦출 가능성도 커지겠죠.

세계보건기구의 선언은 제가 말한 '팬데믹극劇'의 일부이기도 합니다. 국제기구들은 [각국 정부의] 무대응에 직면해 아무 구실도 하지 못했습니다. [제2차세계대전을 막는 데 무용지물이었던] 국제연맹 사례가 떠오르네요. 유엔 산하 기구들은 자신들의 위상·권한·재정이 적다고 늘상 걱정합니다. 그러나 세계보건기구의 이런 촉구가 실질적 대응과 예방책으로 수렴될지도 모르죠. 이 세계는 코로나19 전염 사슬을 끊기 위해 그런 조처가 필요합니다.

Q. 보건의료 서비스의 신자유주의적 재편 때문에 연구와, 병원 같은 곳의 전반적 환자 돌봄이 모두 악화됐습니다. 예산이 더 넉넉한 보건 체계가 있었다면 바이러스에 대처할 때 어떤 점이 달라졌을까요?

무시무시하지만 의미심장한 일화가 있습니다. 미국 마이애미에서 의료기기 회사 직원 한 명이 중국에서 귀국한 뒤 독감 증세를 보였습니다. 그는 자신이 들어 놓은 보잘것없는 오바마케어가* 코로나19 검사를 보장해 주지 않을까 봐 걱정했지만, 검사를 받는 것이 가족과 지역사회를 위해 옳다고 결심하고는 병원에 검사를 요청했습니다. 그러나 그의 걱정은 옳았습니다. 자그마치 3270달러[약 400만 원]에 달하는 청구서가 날아온 것이죠. 미국에서는 전염병 대유행 기간에 청구되는 진단비와 확진자 치료비를 모두 연방정부가 부담하게 하는 긴급 조처를 시행하라고 요구해야 할 것입니다. 비용 걱정에 숨어서 감염을 퍼뜨리게 할 것이 아니라 도움을 구하도록 사람들을 독려해야 합니다. 확실한 대안은 이런 지역사회 수준의 비상사태에 능히 대처할 인력과 자원을 갖춘 공공의료 체계를 구축하는 것입니다. 그래야 주민들이 방역 대책에 협조하는 것을 좌절시키는 어처구니 없는 일을 애초부터 방지할 수 있습니다.

Q. 바이러스가 발견되자마자 세계 도처의 정부들은 특정 지역이나 도시 전체를 강제로 봉쇄하는 등 권위주의적이고 징벌적인 조처로 대응했습니다. 그런 조처가 정당한가요?

전염병 유행을 이용해 독재적 통제라는 선택지를 시험하는 최근 상황은 재난으로 득을 보는 '재난 자본주의'가 균열을 일으키고 있음을 상징적으로 보여 줍니다. 공공의료의 측면에서는 신뢰와 공감이 훨씬 중요합니다. 신뢰와 공감은 전염병에 대처하는 데 중요한 변수죠. 신뢰와 공감이 없는 정부는 대중의 지지를 잃을 것입니다. 이

---

* 오바마케어 버락 오바마 정부 시절 통과된 법. 전 국민 의료보험이 없어 보험 자체가 없는 미국인 약 3100만 명이 민간 의료보험에 의무적으로 가입하게 하는 제도.

런 위험을 공동으로 극복하려면 연대와 상호 존중이 필요합니다. 자가 격리자를 위한 적절한 지원, 충분히 훈련된 상호부조, 가가호호 방문해 식량을 공급하는 차량, 휴직과 실업급여 같은 것들이 필요합니다. 그래야 모두가 참여하는 협력을 이끌어 낼 수 있습니다.

Q. 아시다시피 독일에서는 사실상 나치 정당인 '독일을 위한 대안AfD'이 연방의회 의석을 94석이나 보유하고 있습니다. '독일을 위한 대안' 정치인들과 연계가 있는 강경 나치들과 여러 단체들은 코로나19를 자신들의 선동에 이용합니다. 바이러스에 대한 가짜 뉴스를 퍼뜨리고, 비행 통제, 이주민 입국 금지, 국경 폐쇄, 강제 격리 등 더욱 권위주의적인 조처를 취하라고 정부에 요구합니다.

극우파는 지금의 전 세계적 질병들을 '인종 문제'로 탈바꿈시키려고 여행 금지와 국경 폐쇄 같은 요구들을 내세우고 있습니다. 당연히 바보 같은 짓입니다. 이미 바이러스가 전 세계에서 퍼지고 있는 지금, 유일하게 합리적인 대책은 누가 감염되든 잘 대처하도록 공공 의료를 탄탄히 하는 것입니다. 우리는 감염에 대처하고 감염을 이겨 낼 수단이 있습니다. 그리고 다른 나라 사람들의 땅을 빼앗고 쫓아 내는 짓부터 관둬야 할 것입니다. 그러면 병원체가 애초에 생겨나지도 않을 것입니다.

Q. 전염병에 맞서기 위한 지속 가능한 대안으로는 무엇이 있을까요?

신종 바이러스 출현을 억제하려면 식량 생산을 근본적으로 바꿔야 합니다. 농업을 [자본에] 얽매이지 않게 하고 공공 부문을 강화하면 환경 파괴와 통제 불가능한 전염병을 방지할 수 있습니다. 경작지 수준과 지역 수준 모두에서 생물종 다양성을 늘리고 전략적으로 야생 상태를 재조성해야 합니다. 식용동물들이 비교적 자연스러운 조건에서 번식하게 해서 면역 체계를 후대에 물려줄 수 있게 해야 합니다. 이런 올바른 생산이 올바른 유통과 결합돼야 합니다. 생태적 농업이 지속될 수 있도록 농산물 가격 보조를 해 주고 구매 장려 활동도 벌여야 합니다. 신자유주의 경제가 개인과 사회에 가하는 압력과, 자본의 이해를 관철하려는 국가의 탄압 모두에 맞서 이런 실험들을 방어해야 합니다.

Q. 전염병 유행이 점차 활발해지는 현 상황에서 사회주의자들은 어떤 요구를 해야 합니까?

기존의 사회적 재생산 양식인 공업화된 농업은 공중보건 때문에라도 완전히 철폐돼야 합니다. 자본주의적으로 발전한 식량 생산 체계는 전 인류를 위험에 빠뜨리는 관행에 의존합니다. 이번 코로나19의 경우에는 위험한 감염병 대유행을 야기하는 데 일조했죠. 이 같은 위험한 병원체가 애초에 등장하지 않도록 식량 공급 체계를 사회화해야 합니다. 그러려면 농촌의 필요를 우선에 두는 방식으로 식량 생산을 재편해야 합니다. 또 식량을 길러 내는 환경과 농민을 보호할 생태적 농법이 필요합니다. 큰 그림에서 보면, 환경과 경제를 갈라 놓은 물질대사의 균열을 메워야 합니다. 다시 말해, 우리에게는 쟁취해야 할 세상이 있는 것입니다.

원문: Rob Wallace, "Coronavirus: agribusiness would risk millions of deaths", *Marx21*(11 Mar 2020).

코로나19: 자본주의 체제의 모순을 들춰내다

중국에서 코로나19 환자가 말 그대로 기하급수적으로 늘고 있다.

발원지로 알려진 우한의 상황은 암울하다. 중국 정부는 코로나19 대응을 위해 의료진 8000명을 우한 지역에 긴급 투입했다. 우한 인구가 1000만 명인 것을 고려하면 여전히 턱없이 부족한 수다. 2월 4일부터는 대형 전시장에 병상을 설치해 환자를 수용하기로 했는데, 기록사진에서나 보던 제2차세계대전 당시 대형 야전병원과 흡사하다. 세계 2위의 경제 대국, 미국이 견제할 정도로 첨단 기술이 빠르게 발달한 중국에서 반세기 전에나 봤을 법한 일이 벌어지고 있는 것이다.

우한을 포함해 후베이성의 도시 15곳이 전면 혹은 부분 폐쇄됐는데, 이 지역에 사는 인구만 5850만 명이나 된다. 폐렴의 초기 증상이 감기와 다르지 않기 때문에 어마어마한 수의 사람들이 병원으로 몰려들고 있다. 그러다 보니 코로나19 대응은커녕 기본적 의료 서비스조차 제대로 제공하지 못하는 것으로 보인다. 이미 바이러스가 중국 전역으로 확산된 상황에서 또 다른 집단 발병지가 생기면 이런 집중도 유지하기 어려울 것이다. 중국 정부는 우한 전역을 봉쇄하고 이동을 금지하고 있다고 밝혔다. 그러나 저우셴왕 우한시장은 이미 우한 주민 중 500만 명이 빠져나가 현재 900만 명 정도만 시내에 남아 있다고 밝혔다.

사스 사태 이후 지난 10여 년 동안 중국의 보건의료 서비스는 크게 늘어났지만 세계 2위의 경제 대국이라는 명성이 무색할 정도로 열악한 수준이다. 산업화와 함께 도시인구가 크게 늘어났지만 이를 뒷받침할 만한 위생 설비는 턱없이 부족하다. 인구 1000명당 의사 수는 1.5명으로, OECD 국가 중 가장 적다는 한국(2.3명)보다도 한참 적다. 인구 1000명당 간호사 수는 2.74명으로, 열악하기로 유명한 한국(6.91명, 활동 간호사 수)의 절반 수준이다. 인구 1000명당 병상 수도 5.72개로 한국의 12개보다 적다(OECD 나라들의 평균 병상 수는 인구 1000명당 5개 수준인데, 이는 1990년대 초 7개에서 크게 줄어든 것으로 1990년대 내내 진행된 신자유주의 복지 삭감의 결과다).

메르스 사태 당시 한국의 보건의료 체계가 이런 감염병에 완전히 무대책으로 노출돼 있다는 사실이 드러난 바 있는데, 이를 고려하면 중국의 상황이 얼마나 심각한지 짐작할 수 있을 것이다. 무엇보다 의료 시설이 대부분 도시에 집중돼 있어서 농촌으로 병이 확산될 경우 손을 쓸 수도 없는 상황이 벌어질 수 있다. 펑즈젠 중국 질병통제센터 부주임은 중국국제방송에서 다음과 같이 말했다. "시골은 분명 우리가 고도로 주목하는 지역입니다."

물자 부족도 심각하다. 공포에 질린 주민들이 사재기에 나선 데다 교통 통제로 보급도 원활치 않다. 왕장핑 공상총국 부국장은 우한에서 일회용 방호복이 매일 10만 개씩 사용돼 왔지만 공급량은 하루에 3만 개밖에 안 돼, 머지않아 부족해질 것이라고 밝혔다. 반면 중국은 방호복 5만 개를 매일 수출하고 있는 것으로 알려졌다.

중국 정부와 언론이 앞장서서 환자들이 방역망을 "뚫고" 돌아다닌다고 비난하는 것은 어처구니없는 적반하장이다. 아직 증상이 없는 사람들이 전염병을 피해 이동하는 것을 비난할 수는 없다. 오히려 바이러스의 돌연변이라는 자연현상을 대형 재난으로 키운 것은 중국 정부 자신이다. 바이러스의 최초 진원지를 두고 박쥐, 뱀 등이 거론되고 있지만 중국의 식품위생 상태를 문제의 진정한 원인으로 지목하는 이들도 많다. 기본적 위생 장비는 고사하고 손 씻기나 분리 보관 같은 필수적 조처들도 이뤄지지 않는 경우가 많다. 잊을 만하면 각종 첨가물 사건이나 식품 오염 사건이 터져 나오는 이유다. 중국에서 식중독은 여전히 흔한 병이다. 중국인들의 77퍼센트가 "가장 우려하는 것"이 "식품 안전"이라고 답할 정도로 중국 사회 내부의 불안도 크다.

이런 상황을 단기간에 개선하려면 대규모 투자와 교육, 규제 강화가 필요할 것이다. 그러나 갈수록 낮아지는 성장률에 골머리를 앓는 중국 정부가 재정지출의 우선순위를 바꾸려 할 가능성은 낮다. 이런 조처가 식품 가격 인상으로 이어져 임금 인상 압박이 커지는 것도 피하고 싶은 일일 것이다. 이것이 바로 이윤 중심 체제가 이번 재앙의 핵심 원인이라고 봐야 하는 이유다.

한국은 철벽 방어 중?

한국도 결코 안심할 수 있는 상황이 아니다. 메르스 사태 이후 검역과 병원 위생 관리가 일부 개선됐지만 핵심이라 할 수 있는 인력과 시설에는 별 개선이 없었다. 1월 29일 공공운수노조 의료연대본부는 다음과 같은 성명을 냈다. "질병관리본부에 따르면 현재 국가지정 전문 격리 시설은 29개 병원, 161개 병실, 198개 병상으로 박근혜 정부 당시의 1.5배 정도다. 현재 확진 환자 4명에, 격리했던 유증상자만 112명이었던 것만 봤을 때 조금이라도 더 확진자가 늘어났을 경우 금방 부족해지는 병상 수라는 것을 알 수 있다." 검역 절차가 강화됐지만 인력은 충분히 늘어나지 않아 검역관들이 엄청난 노동강도에 시달리고 있다. 정부는 증상이 의심되면 콜센터로 전화하라고 했지만 인력이 부족해 통화 대기 시간이 엄청나게 길다.

메르스 사태 당시 가장 커다란 위험 요인으로 지목된 것은 간병서비스가 제공되지 않아 보호자들이 병실에 상주하는 일이 다반사라는 점이었다. 그러나 전체 70만 개 병상 중 24만 개를 대상으로 추진되고 있는 간호간병통합서비스는 아직까지 4만 2000여 개에 지나지 않는다. 수익에 민감한 민간병원 중심 의료 체계와 간호 인력 부족, 정부의 투자 부족 때문이다. 심지어 운영되고 있는 병상도 대개 혼자 거동이 가능한 경증 환자들을 대상으로 하고, 환자가 거동이 어려워지면 내보내거나 보호자를 불러들이는 일도 흔하다.

이처럼 병원들이 위태롭게 운영되는 상황에서 감염자가 늘면 격리 치료는 물론이고 다른 병원 기능에도 차질이 생긴다. 민간병원이 대부분인 이 나라에서는 사실상 감염 의심 환자 진료를 거부하는 일도 적잖이 벌어질 수 있다. 극소수의 공공병원들은 이미 밀려드는 환자와 폭주하는 문의로 한계 상황에 봉착해 있다. 중국을 한심하게 여길 일이 아니다.

국경 봉쇄는 (얼마나) 효과적일까?

미국 등 서구 열강이 중국에서 오는 외국인을 입국시키지 않겠다고 발표한 데 이어 한국 정부도 후베이성에서 오는 외국인의 입국을 막고 있다. 반면 세계보건기구는 이런 조처가 도움이 되지 않고 오히려 밀입국을 통한 감염병 확산만 낳는다고 비판했다. 국경 봉쇄는 (얼마나) 효과적일까?

분명히 북한처럼 가난하고 보건의료 기반 시설이 충분치 않은 나라들에서 일시적으로 국경을 폐쇄하는 것은 불가피해 보인다. 이 점에서 세계보건기구가 국제적 비상사태 선포에 늑장을 부리고 국경 폐쇄도 필요하지 않다고 한 것은 세계 2위 경제 대국 중국을 크게 배려한 조처로 보인다(2017년 거브러여수스 세계보건기구 총장이 선출될 당시 중국은 그를 지지하며 10조 원을 지원하겠다고 약속한 바 있다). 그러나 미국 등 주요 선진국 지배자들의 대응은 이 체제가 얼마나 불합리한지 잘 보여 준다. 지금 필요한 것은 국경 폐쇄가 아니라 필요 물자와 의료진 지원이다. 또, 서구 국가들은 중국에 비해 방역 기술과 재원, 보건 인프라가 훨씬 잘 갖춰져 있다. 그동안의 경험을 봤을 때 서구 국가들이 인력과 비용을 충분히 투자한다면 국경 폐쇄 없이도 감염병 확산을 상당히 막을 수 있을 것이다.

서구 지배자들의 인종차별적 선동은 그 나라에서 중국인은 물론 아시아인에 대한 인종차별을 부추기고 있다. 영국에서는 심장마비로 쓰러진 중국인이 주변 사람들의 심폐 소생술 거부로 사망하는 일이 벌어졌다. 독일에서는 길을 가던 아시아계 여성이 폭행을 당하기도 했다. 미국 정부가 "자국민의 안전" 운운하는 것은 위선이다. 미국에서는 매년 인플루엔자로 수천~수만 명이 죽지만 무상 예방접종도 이뤄지지 않고 있다. 미국에는 국가 건강보험이 없다. 유럽연합의 긴축정책으로 그리스 등 일부 나라들에서는 평균수명이 단축되고 보건 예산이 대폭 삭감돼 각종 감염병 환자가 대폭 증가했다.

홍콩 병원 노동자들도 국경 폐쇄를 요구하며 파업을 선언했다. 생계를 위해 중국 본토와 홍콩을 오가는 수많은 평범한 사람들을 고려하면 이 요구를 지지할 수는 없다. 이는 근본적으로 중국·홍콩 정부에 대한 불신 때문에 벌어진 일이다. 홍콩 행정장관 캐리 람은 홍콩에서 코로나19로 사망자가 나왔는데도 공무원들에게 마스크를 쓰지 말라고 명령했다. 마스크 재고가 부족하다는 게 이유였는데 정작 자신은 다른 기자회견에 마스크를 쓰고 나와 더욱 원성을 샀다. 병원 노동자들은 의료진용 마스크와 방호복 등이 부족해 실제로 커다란 위험을 느끼고 있다. 이 노동자들이 홍콩 정부에 '5대 요구'를 제시한 것을 보면 지금도 계속되고 있는 홍콩 항쟁의 일부로 자신을 자리매김하고 있는 듯하다. 바이러스 확산을 통제할 수 없게 된 중국 정부는 그 대신 사람을 통제하려고 도로 봉쇄 등을 유지하는 것으로 보인다. 그러나 이미 바이러스가 전국으로 확산된 데다 곧 춘절(음력설) 휴가가 끝나 수많은 사람이 직장으로 돌아오면 이런 식의 봉쇄는 효과를 낼 수 없을 것이다.

문재인 정부의 대응은 줄타기 곡예에 가깝다. 방역 기술이 부족하지는 않지만 환자들을 치료할 시설과 인력이 준비돼 있지 않다. 700여 명의 우한 교민을 공무원 연수 시설에 수용한 이유다. 이를 반대한 주민들이 아니라, 집권 이후 공공병원을 하나도 늘리지 않은 문재인 정부가 비난의 대상이 돼야 한다. 우한 교민을 공공병원에 입원시켰다면 이런 반발이 일어나지는 않았을 것이다. 18명을 넘어가고 있는 환자 수가 조금 더 늘어나면 접촉자들을 격리할 병실이 부족해질 것이다. 이국종 의사 논란에서 보듯 돈이 안 된다며 중증 외상 환자 입원조차 거절하는 민간병원들이 코로나19 환자와 접촉자를 수용하려 할까? 한 줌도 안 되는 공공병원 노동자들은 이미 엄청난 피로에 시달리고 있다. 일본, 태국 등 중국이 아닌 아시아 지역에서 감염된 환자가 들어오고 3차 감염까지 확인된 상황에서 중국발 입국자를 막는 조처는 별 효과가 없을 것이다. 그보다는 '자가 격리' 같은 멍청한 짓을 중단하고 검역 인력과 격리 병상을 대폭 확보해 의심 환자들을 병원에 입원시키는 것이 효과적일 것이다. 당연히 그 비용과 생활비는 정부가 전액 지원해야 한다.

자본주의와 감염병

세계의 더 발전한 지역에서도 위험은 커지고 있다. 장기화된 경제 위기 때문에 주요 선진국에서도 보건 예산이 삭감되고 빈곤율이 높아지는 등 감염병이 번지는 데 필요한 불쏘시개는 차곡차곡 쌓여 왔다. 미국에서는 질병통제예방센터 예산이 2010년 108억 달러에서 2020년 66억 달러로 삭감됐다. 세계보건기구의 예산은 2016~2017년에 51억 달러에 그쳤다. 그사이에 미국에서 감염병 환자가 크게 늘었다. 이번 겨울에 미국에서 인플루엔자 환자가 970만 명이나 발생해 최소 4800명이 사망했다. 이런 보건 위기 상황에서는 언제든 코로나19 같은 신종 감염병이 크게 확산될 수 있다.

21세기 들어 가속화된 산림 파괴와 기후변화는 야생동물의 서식지도 변화시키고 있다. 그래서 이전에는 접촉할 기회가 거의 없던 박쥐와 가축이 접촉할 기회가 늘어나고 있다. 합성사료와 유전자조작 곡물, 항생제로 뒤범벅이 된 공장형 축산 농장은 바이러스가 돌연변이를 일으키고 저항력을 획득하는 훈련장이 되고 있다. 10년 넘게 전쟁을 겪고 있는 중동과 북아프리카의 여러 나라에서는 각종 전염병이 창궐하고 있다. 미국의 이란 전쟁이 본격화하면 이 위기는 더욱 심각해질 것이다.

제1차세계대전이 한창이던 1918년 세계를 휩쓴 '스페인 독감'은 5000만 명을 죽음으로 몰고 갔다. 지금은 그때보다 세계적 수준에서 사람들의 접촉이 훨씬 많다. 반면 감염병을 차단하는 수단(격리 등)은 당시 수준에서 한 걸음도 나아가지 못하고 있다. 자본주의 체제의 이윤 경쟁 논리 때문이다.

중국 과학자들은 사스-코로나바이러스-2를 분리해 백신 개발을 시작할 수 있게 됐다고 발표했다. 사실 정체불명의 전염병이 유행했을 때 이토록 신속히 바이러스를 찾아낸 일은 역사상 흔치 않다. 놀라운 기술 발전 덕분에 비교적 초기에 바이러스의 정체를 알아낼 수 있었다. 또, 유전자를 확인한 덕분에 신속히 감염자를 밝혀낼 수 있는 진단법이 도입됐다. 이미 알려진 것처럼 중국 정부 관료들이 초기에 의사들의 경고를 무시하고 심지어 입막음하려 하지만 않았어도 상황은 훨씬 나아졌을 것이다.

유전자 분석 기술 덕분에 이 바이러스가 박쥐에게서 유래했을 것이라는 점도 알아냈다. 기술이 얼마나 발전했는지 심지어 사람 간 전염이 확산하면서 바이러스가 작은 돌연변이를 일으키고 있다는 사실도 거의 실시간으로 밝혀내고 있다. 사스-코로나바이러스-2는 사람 몸속을 오가며 적자생존, 자연선택 등 다윈의 진화론을 몸소 보여 주고 있다. 어떤 돌연변이체는 체내에서 멸종하겠지만, 다른 경우는 번창해 다른 사람에게 옮겨 갈 것이다. 진화가 일정한 범위 내에서 멈추면 백신 개발까지 성공할 수 있겠지만, 수백만~수천만 명이 거주하는 대도시에서 바이러스는 수많은 진화의 기회를 얻을 수 있다. 이는 생산성을 고도로 높이려고 노동자들을 집중시킨 자본주의적 경제성장의 산물이다.

중국 지배 관료는 사스 사태 이후 이런 도시를 유지하려면 방역과 보건 체계를 구축해야 한다는 사실을 절실히 깨달았지만, 바이러스의 진화가 더 빨랐다. 2018~2019년에는 돼지열병 바이러스가 중국을 휩쓸었는데, 그것이 사스-코로나바이러스-2의 진화에도 영향을 줬을 가능성이 있다. 더 많은 이윤을 얻으려고 도입된 공장형 축산업은 바이러스가 종간 장벽을 뛰어넘을 수 있는 도약대 구실을 한다. 홍콩 언론 〈사우스 차이나 모닝 포스트〉는 2월 3일 중국과학원 상하이 파스퇴르연구소 연구진의 말을 인용해, "바이러스 유전자의 중대한 변화를 확인했다"고 보도했다. 연구진은 17건의 비유사 돌연변이 사례가 발견됐다고 전했다. 비유사 돌연변이는 바이러스의 특성을 바꿔 놓을 수 있는 돌연변이를 뜻한다.

사스-코로나바이러스-2가 지금 미국에서 유행하는 인플루엔자처럼 독성이 강한 바이러스와 만나면 치사율이 높은 신종으로 진화할 수도 있다. 2000년 이후 벌어진 여러 차례의 감염병 사건(사스, 조류인플루엔자, 돼지독감, 메르스 등)에서 이런 일이 일어나지 않았다는 사실에 비춰 그 확률이 매우 높지는 않을 것으로 추측할 수 있을 뿐이다. 각국 정부가 자기 나름으로 바이러스를 확보하려고 애

쓰는 것은 이처럼 계속 일어나는 돌연변이 때문이기도 하다. 하지만 더 근본적으로는 자본주의 국가 간의 경쟁 논리가 그 바탕에 깔려 있다.

바이러스의 유전 정보까지 특허로 등록할 수 있는 현대 자본주의 사회에서는 미래에 닥쳐올 전염병과 그때 필요할 백신 제조 기술도 국가 경쟁력의 일부로 여겨진다. 이런 기술은 특정 국가에 기반을 둔 거대 제약회사들에 엄청난 이윤을 가져다준다. 예컨대, 머크MSD 는 자궁경부암 백신 '가다실'로 2019년 3분기에만 1조 5358억 원을 벌어들였다. 글락소스미스클라인GSK은 대상포진 백신 '싱그릭스'로 같은 분기에 8000억 원을 벌었다.

미국은 바이러스를 확인하면 한두 달 안에 백신을 대량생산할 수 있는 기술을 보유하고 있다고 발표했다. 그러나 미국이 다른 나라 와 서로 협력할 가능성은 매우 낮아 보인다(사스 때도 협력하지 않았다). 호주의 한 연구소에서는 사스-코로나바이러스-2를 분리 배양하는 데 성공했다. 홍콩대 위안궈융 교수팀이 사스-코로나바이러스-2 백신 개발에 성공했다는 소식도 들린다. 그러나 임상시험 등의 과정을 거쳐 상용 단계에 도달하려면 적어도 1년은 소요된다.

다른 한편, 제약회사들은 충분히 이윤을 얻을 만한 조건, 즉 대재앙이 벌어지기 전까지는 백신 개발에 뛰어들지 않으려 한다. 제국주의 열강의 지배자들 일부는 이 바이러스가 새로운 생물무기 연구 과정에서 유래된 것이 아닌지 의심하고 있는 듯하다. 실제 이런 '사고'가 적지 않았기 때문이다. 때마침 우한에 고위험 바이러스 연구소가 있다는 사실이 알려지기도 했다. 미국과 러시아 등 제국주의 열강은 세계 곳곳의 박테리아와 바이러스를 수집해 보관한다. 그곳들은 천연두처럼 인간 사회에서 더는 찾아보기 어려운 것도 '미래를 위해' 보관하고 있다. 천연두 바이러스는 이미 백신 개발이 끝나 예방용으로는 쓸모가 없다.

이 정신 나간 체제가 근본에서 바뀌지 않는 한 신종 감염병의 충격은 주기적으로 인류를 위협할 것이다.

출처: 장호종, 〈노동자 연대〉 312호(2020-01-30)와 313호(2020-02-05)를 종합해 일부 수정.

왜 여태껏 코로나 백신은 나오지 않았을까?

병실이 부족해 코로나19 환자들을 연수원에 들여보내는 모습은 불과 한 달 전 우한 전시장에 차려진 수백 개의 야전침대를 연상시킨다. 실제로 체육관을 활용하자는 얘기도 나오고 있다. 인구가 5000만 명이 넘고 경제가 세계 10위권인 나라에서 고작 수천 명을 입원시킬 공공병원이 없어 이러고 있는 사실에 수많은 사람들이 답답함을 느끼고 있다.

마스크 공급도 제대로 못 해 허둥대는 정부의 무능을 보며 분노를 느끼는 이들도 많아지고 있다. 주변 사람들을 생각해 꼭 쓰라더니 공급난이 생기자 "아껴 쓰라", "햇볕에 말려 쓰라" 하고 말을 바꾸는 정부를 보며 도대체 누구를 믿어야 하나 하는 생각밖에 안 든다. 다만 하루가 갈수록 지쳐 가는 공무원과 의료진의 모습을 보며 차마 그 분노를 표하지 못하고 있을 뿐이다.

세계보건기구는 코로나19를 일으키는 바이러스 이름을 '사스-코로나바이러스-2'라고 지었다. 2003년 중국 광둥성에서 번지기 시작한 사스의 원인 바이러스와 매우 비슷하게 생겼기 때문이다. 일부 과학자들이 이 사실에 착안해 사스 면역력이 있는 사람은 코로나19

면역력도 있지 않을까 하고 생각한 듯하다.

바이러스가 사람 몸에 침투하면 처음에는 면역계를 혼란에 빠뜨리며 파죽지세로 세포들을 파괴한다. 면역 세포들은 세포보다 훨씬 작은 바이러스를 어떻게 처리해야 할지 몰라 우왕좌왕하지만 마침내 대응 수단을 마련하게 된다. 백혈구의 일종인 B세포가 해당 바이러스에 특화된 항체를 생산하기 시작하면 전세는 역전되고 바이러스는 박멸된다. B세포 중 일부는 이 바이러스를 퇴치할 무기(항체) 생산법을 기억해 훗날 같은 바이러스가 침투했을 때 신속히 대량생산 체제에 돌입한다. 이를 면역이라 한다(유튜브에 이해를 돕는 영상이 많으니 참고하시오).

백신은 이 원리를 이용해 바이러스의 일부(보통 캡이라고 하는 껍질)를 사람 몸에 주입해 항체 생산법을 훈련하고 기억하도록 유도하는 약이다. 아이들이 홍역, 풍진 등 위험한 바이러스성 질병에 걸리기 전에 예방주사(백신)를 맞는 이유다. 다만 바이러스는 변이가 심해서 항체가 작용하는 부위에 돌연변이가 생기면 항체가 제대로 작용하지 않는다. 인플루엔자 백신이 매년 새로 만들어지는 이유다.

그런데 〈연합뉴스〉 보도에 따르면, 얼마 전 한국화학연구원이 사스와 메르스 항체가 코로나19에도 작용할 것 같다고 발표했다. 사스와 메르스가 모두 코로나바이러스의 다른 형제가 일으킨 병이었으므로 가능성이 있는 얘기다. 이 얼마나 반가운 소식인가. 그러나 2003년 사스와 2015년 메르스 사태 뒤에 해당 바이러스에 대한 백신은 만들어지지 않았다. 사스 백신을 개발하던 기업은 사스 확산이 멈추자 개발을 중단해 버렸다. 이윤이 남지 않기 때문이었다. 메르스 백신을 개발하던 연구자들은 5년째 연구 중이다. 임상시험 등에 필요한 투자가 부족했기 때문이다.

결론을 말하자면 현재 사스-코로나바이러스-2에 대한 백신은 없다. 백신이 개발되고 있지만 임상시험 기간 등을 고려하면 올해 말이나 내년 초가 돼야 안전하고 효과적인 백신이 보급될 것이다.

백신 개발을 위해 (자본주의 국가들과 다국적기업들의 모임인) 세계경제포럼 등이 주도해 만든 국제기관 '세피CEPI'에 따르면, 세계보건기구가 위험군으로 분류한 11개 바이러스의 백신을 개발하는 데 하나당 평균 28억 달러(약 3조 원)가 든다. 그 돈이 부족해 여태 백신이 없는 것이다. 세피가 지금까지 기부받은 돈은 8억 달러(9480억 원)밖에 안 된다. 그런데 이번에 코로나19 피해 때문에 한국 정부가 새로 편성한 추경예산만 약 12조 원이다. 이런 낭비가 또 있을까?

1994년에 유엔과 세계보건기구가 만든 국제백신연구소는 한국에 그 본부를 두기로 결정했지만 2003년에야 서울대에 본부를 차렸다. 2018년 연례 보고서를 보면 그해 수입이 3000만 달러(약 355억 원)에 지나지 않는다. 그중에 한국 정부가 지원한 돈은 570만 달러(약 67억 원)다. 한국 정부가 미국에서 구입한 F-35 전투기가 한 대당 8000만 달러(약 948억 원)다. 세계 자본주의 지배자들은 백신 따위야 아무래도 상관없는 것이다.

출처: 장호종, 〈노동자 연대〉 315호(2020-03-04).

2장
보건 위기가
세계경제 위기로
돌아오다

이윤만 걱정하는 지배자들

"최근 수치로 드러난 코로나바이러스 사태의 암울한 파장." 지난주 〈파이낸셜 타임스〉에 실린 한 기사 제목이었다. 가슴이 철렁했다. 불안에 떨며 기사를 훑어봤더니 코로나19 확산이나 그로 인한 죽음에 대한 내용이 아니었다.

핵심 논점은 이런 것이었다. "심각한 경기후퇴에 따라 지난 2월 홍콩과 중국의 구매관리자지수PMI가 사상 최저치를 기록했고, 호주·일본 등지의 구매관리자지수는 더 급격한 경기 둔화를 시사했다." 대다수 평범한 사람들은 감염병의 세계적 확산 때문에 불안에 떨고 각자의 소중한 사람들을 어떻게 지킬지 걱정하지만, 세계 각국 지배계급은 코로나19의 경제적 파장을 더 걱정한다.

도널드 트럼프는 이 점에서 특히 노골적이다. 트럼프는 코로나19 사태가 대수롭지 않은 일이라고 둘러대 왔다. 그나마 괜찮은 경제 상황에 기대 11월 대선에서 재선하려 하기 때문이다.

미국의 중앙은행이라 할 수 있는 연방준비제도이사회는 3월 3일 금리를 0.5퍼센트포인트 긴급 인하했다. 2008년 금융 위기가 한창일 때 이후로 처음 있는 일이다. 세계 주식시장도 폭락했다.

이런 경제적 공포에는 근거가 있다. 이유는 두 가지다. 첫째, 코로나19 확산이 시작된 중국은 세계 최대 제조국이자 수출국이다. 중국 정부는 바이러스 확산을 막으려고 엄청난 수의 주민에게 이동 제한을 걸고, 세계경제를 움직이는 다국적 생산망에서 필수적인 물류를 차단하는 초강수를 뒀다.

그러면서 〈파이낸셜 타임스〉를 우울하게 한 "암울한 수치"가 나온 것이다. 1~2월 중국 수출은 전년 대비 17.2퍼센트 떨어졌다. 중국 정부에 따르면, 중국 노동력의 약 80퍼센트를 고용하는 중소기업 중 3분의 1 이하만이 정상적으로 운영된다.

중국의 경기 둔화와 함께 세계 나머지 지역에서도 코로나19 확산이 비슷한 효과를 낸다면, 이는 전 세계적 불황을 야기하기에 충분할 것이다. 중국과 한국에 이어 이탈리아에서도 이미 제조업이 위축되고 있다.

둘째, 그러나 코로나19 발병 전부터 세계경제는 형편없는 상태였다. 2008~2009년 대불황 이후 미국과 유럽은 주류 경제학자들조차 '장기 침체'(만성적인 저성장)라고 일컬은 상태에 빠져 있었다. 중국과 인도를 비롯한 제3세계의 이른바 "신흥 시장 경제"도 둔화하고 있었다.

각국 중앙은행들은 양적완화, 초저금리, 심지어 마이너스 금리 유지 같은 "이단적인" 통화정책을 펴, 세계경제가 계속 굴러가게 하려고 애썼다. 이는 주식시장 거품을 키웠고 덕분에 이미 억만장자인 자들이 더 불경스러우리만치 부유해졌다.

어떤 주류 경제학자들은 2월 말 주가 폭락이 기저의 경제 환경으로는 설명되지 않는다며 어리둥절해 했다. 그러나 주가가 폭락한 이유는 꽤나 분명해 보인다. 중앙은행이 값싼 신용으로 부풀려 온 주식시장 거품을 코로나19가 사실상 터트린 것이다.

3월 9일 세계 주식시장은 다시 한 번 폭락했다. 유가가 30퍼센트 폭락한 것에 대한 반응이다. 1991년 걸프전 이후로 사상 최대 유가 하락 폭이다. 사우디아라비아 왕세자 무함마드 빈 살만은 코로나19 위기가 러시아에게 유가 전쟁을 걸 적기라고 판단했다.

폭락 이후 이른바 "안전 자산 선호" 현상이 나타났다. 즉, 투자자들이 미국 재무부 채권이나 금 같은 아주 안전한 자산들을 사재기하는 것이다. 2월 말 금값은 지난 7년 이래 최고치에 이르렀다.

코로나19 사태 한참 전에 중앙은행들은 2008년 위기부터 계속해서 돈을 푸는 정책을 편 까닭에, 큰 경기후퇴가 다시 닥치면 꺼내쓸 무기가 별로 없다고 경고했다.

코로나19는 산업화된 영농법의 산물일 가능성이 크다. 따라서 코로나19는 체제에 가해진 "외부" 충격이 아니다. 코로나19는 이미 노쇠한 자본주의를 더욱 병들게 하고 있다.

원문: Alex Callinicos, "Bosses' virus fears are only for profits", *Socialist Worker* 2695(9 Mar 2020).

마이클 로버츠 논평

세계경제 위기, 단지 코로나19 때문일까?

마이클 로버츠는 영국의 마르크스주의 경제학자로, 2008년 이후 세계경제를 분석한
《장기불황》(연암서가, 2017)이 국내에 번역돼 있다. 자신의 블로그(http://thenext
recession.wordpress.com)에 최근 경제 상황을 마르크스주의적으로 분석하고 논평하는
글을 꾸준히 게재하고 있다.

단언컨대, 코로나19 재앙이 끝나면 주류 경제학과 각국 경제 당
국은 이 사태가 자본주의 생산양식의 내재적 결함이나 사회 구조와
는 무관하게 외부 요인으로 발생한 위기였다고 주장할 것이다. 단지
바이러스가 문제였다는 것이다. 2008~2009년 대불황 때도 주류는
그렇게 주장했는데, 2020년에도 되풀이될 것이다.

이 글을 쓰는 3월 15일 현재 코로나19 팬데믹(이제 공식적으로 그
렇게 규정됐다)은 아직 정점에 이르지 않았다. 중국에서 시작했다는
(물론 다른 곳에서 시작했을지 모른다는 증거도 있는) 코로나19는
이제 전 지구로 번졌다. 이제 중국 바깥의 감염자 수가 중국 내 감
염자 수를 넘었다. 중국 내 감염자 수는 증가폭이 슬슬 줄다가 더는
늘지 않고 있다. 다른 곳에서는 감염자가 여전히 기하급수적으로 늘

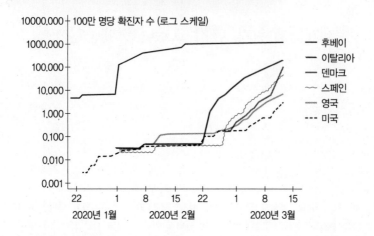

중국 후베이성의 궤적을 따라가는 듯한 미국과 유럽

10000.000 ┬ 100만 명당 확진자 수 (로그 스케일)

범례:
── 후베이
── 이탈리아
── 덴마크
╌╌ 스페인
∷∷ 영국
---- 미국

고 있다.

이 생물학적 위기는 금융시장에 패닉을 일으켰다. 지난 몇 주 동안 증시가 30퍼센트 정도 폭락했다. 엄청나게 낮은 차입 비용 덕분에 모든 금융 자산이 상승하던 '끝내주는 세상'은 이제 끝났다.

언뜻 보면 코로나19는 '무엇을 모르는지조차 모르는unknown unknown' 일의 한 사례인 듯하다. 10여 년 전 대불황을 촉발한 세계 금융 위기가 '블랙 스완'[검은 백조, 도저히 일어나지 않을 것 같은 일이 실제로 일어나는 현상을 이르는 말]의 출현처럼 보였듯이 말이다. 그러나 당시의 금융 위기와 마찬가지로 지금의 코로나19도 사실은 마른 하늘에서 떨어진 날벼락, 또는 조화롭게 성장하는 자본주의 경제에 가해진 [외부] "충격" 같은 것이 아니다. 이미 코로나19가 강타하기 전부터, 소위 '선진국'이든 '남반구'의 '개발도상국'이든 거의 모든 주요 자본주의 나라들에서 경제활동이 둔화해서 정체해 있었다. 어떤 나라는

세계 제조업 구매관리자지수와 실제 산출

구매관리자지수: 구매관리자들의 경기 전망

3개월 변동량의 비율(퍼센트)

제조업 산출량

산출량
구매관리자지수

모래를 쌓으면
경사가 가팔라진다 → 경사가
임계점에 이른다 → 모래 더미가 무너지고
경사가 완만해진다

국내 산출과 투자가 수축하고 있었고, 많은 나라들이 위태위태했다.

코로나19는 분수령이었다. 이는 모래 더미를 쌓는 것에 비유할 수 있다. 모래 더미를 쌓고 쌓다 보면 모래알이 미끄러지기 시작한다. 그러다 어떤 시점에 이르면 모래알이 하나만 더 얹혀도 모래가 와르르 쏠려 내려온다. 포스트케인스주의자는 이런 상태를 하이먼 민스키의 이름을 딴 용어인 '민스키 모먼트'라고 일컬을지도 모르겠다. 하이먼 민스키는 자본주의가 안정적으로 보이는 것은 일시적이라고 주장했다. 안정성이 불안정성을 낳기 때문이다. 마르크스주의자는 이렇게 말할 것이다. 그렇다, 불안정성은 존재한다. 그리고 그 불안정성이 거듭거듭 산사태로 이어지는 것은 이윤을 추구하는 자본주의 생산양식에 내재한 모순 때문이다.

코로나19는 다른 면에서도 '무엇을 모르는지조차 모르는' 일이 아니었다. 2018년 초 제네바에서 열린 세계보건기구 회의에 '연구개발 구상 보고서'를 제출한 연구자들은 "질병X"라는 표현을 썼다. 그들의 예측은 이랬다. "다음번에 대유행 감염병은 인류가 만난 적이 없는, 알려지지 않은 새로운 병원체가 일으킬 것이다. 질병X는 동물에서 유래한 바이러스에 의한 것일 가능성이 높다. 질병X는 경제 개발 탓에 사람들과 야생동물이 접촉할 수밖에 없는 지구 상 어디인가에서 출현할 것이다."

연구자들은 이어서 이렇게 예측했다. "질병X는 유행 초기에는 십중팔구 다른 질병과 혼동될 듯하고, 빠르고 조용하게 퍼질 것이다. 인간의 교통로와 무역로를 타고 여러 나라로 퍼지고 방역을 무력화할 것이다. 질병X는 계절성 인플루엔자에 견줘 치사율은 높고 전염성은 비슷할 것이다. 질병X는 팬데믹이 선포되기도 전에 금융시장을 뒤흔들 것이다." 요컨대, 코로나19가 질병X였던 것이다.

사회주의자이자 생물학자인 롭 윌리스가 주장했듯이, 전염병은 우리 삶의 일부이자, 우리가 사는 방식이 만들어 내는 것이기도 하다. 흑사병은 실크로드를 따라 무역이 성장하면서 14세기 중반에 유럽으로 퍼졌다. 새로운 인플루엔자 변종들은 축산업에서 출현했다. 에볼라바이러스, 사스, 메르스, 지금의 코로나19는 야생동물과 연관이 있다. 세계적 유행병은 보통 어떤 동물에 있던 바이러스가 그 동물과 접촉한 사람에게 옮으면서 시작된다. 인간이 생태계를 파괴해서 갈수록 깊숙한 야생에 살던 동물과 가까워질 때, 야생동물이 교역돼서 도심지로 이동할 때, 그런 병원체 유출이 기하급수적으로 늘어난다. 전례 없는 수준의 도로 건설, 산림 파괴, 개간, 농업 발전에 더해서 국제화된 교통과 무역 탓에 사스-코로나바이러스-2 같은 병원체가 극도로 쉽게 인간에게 침투할 수 있게 된다.

주류 경제학자들은 어리석게도 코로나19가 경제에 가한 타격이 "공급 충격"이냐 "수요 충격"이냐를 두고 논쟁한다. 신고전파는 생산이 멈췄으므로 "공급 충격"이 맞다고 주장한다. 케인스주의자들은 사람과 기업이 이동이나 서비스 등에 지출할 수 없게 됐으므로 "수요 충격"이 맞다고 주장한다.

그러나 첫째, 앞서 말했듯이 지금의 경제 위기는 어떤 "충격" 탓으로 생긴 것이 결코 아니다. 자본이 농업과 자연을 상대로 벌인 이윤 추구 행위, 이미 취약했던 자본주의의 기존 상태가 낳은 필연적 결과다.

둘째, 케인스주의자들의 주장과 달리 위기는 수요가 아니라 공급에서 시작한다. 마르크스가 말했듯이 "1년은 말할 것도 없고 단 몇 주라도 일이 멈추면 어떤 나라라도 망한다는 것은 삼척동자도 아는 바"다(1868년 7월 11일 마르크스가 쿠겔만에게 보낸 편지). 코로나19 확산을 막기 위해 상점, 학교, 일터를 폐쇄할 때 맨 먼저 멈추는 것은 생산과 무역과 투자다. 물론 그리하여 사람들이 일을 못 하고 기업들이 물건을 못 팔면, 수입이 끊기고 지출이 붕괴해 "수요 충격"을 일으킨다. 사실 자본주의의 위기는 모두 이런 식으로 발생한다. 즉, 공급이 위축돼 소비가 추락하는 것이지 그 반대가 아니다.

다음은 한 주류경제학 학파가 위기에 관해 제시하는 (비교적 정확한) 도식이다.

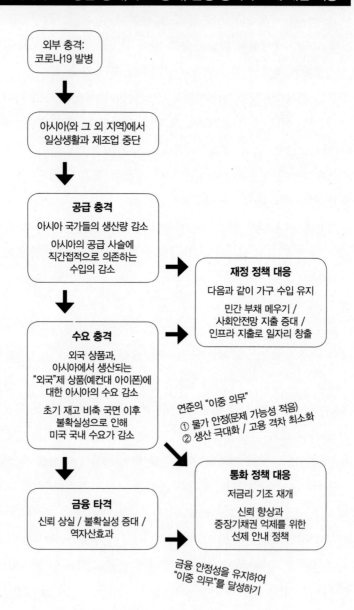

금융계의 일부 낙관론자들은 코로나19가 주식시장에 가한 충격은 1987년 10월 19일의 증시 폭락 때와 비슷한 결말로 이어질 것이라고 주장한다. "검은 월요일"로 일컬어지는 그날, 증시는 지금보다 더 급속하게 추락했지만 몇 달 만에 회복해서 다시 상승했다. 현 미국 재무부 장관 스티븐 므누신은 이번 금융 패닉도 그렇게 될 것이라고 확신한다. 그는 이렇게 말했다. "1987년의 폭락 직후 주식을 산, 그러니까 금융 위기 직후 주식을 산 사람들이 떠오릅니다. 장기 투자자에게 지금은 엄청난 기회일 수 있습니다. … 지금 문제는 단기적인 문제입니다. 한두 달 정도 걸리겠지만 우리는 이 사태를 극복할 것이고 경제는 어느 때보다도 튼튼해질 것입니다."

백악관 국가경제위원회 위원장인 래리 커들로도 비슷하게 주장했다. 커들로는 코로나19 공포로 주식시장이 비틀거리는 상황을 기회로 활용하라고 투자자들을 부추겼다. 미국 경제 상태가 "건실"하다면서, "장기 투자자들은 저점 매수를 진중하게 고려해 보는 것이 좋겠다"고 했다. 커들로는 2008년 9월 국제 금융 위기가 터지기 2주 전에 했던 말을 사실상 되풀이한 것이다. "미래를 내다보는 편을 선호하는 우리 같은 사람들이 보기에 증시 전망은 갈수록 밝아지고 있다."

1987년 증시 폭락의 원인으로는 다음과 같은 것들이 지목됐다. 페르시아만의 군사적 충돌 고조에 따른 유가 급등, 금리 인상에 대한 두려움, 별다른 변동 없이 5년간 이어진 강세장[장기간의 주가 상승], 컴퓨터를 이용한 증권 거래의 도입. 경제가 근본적으로는 '건강'했기에 당시 증시 폭락의 효과는 오래가지 않았다. 실제로 당시 주요 나라 경제에서 자본의 수익성은 상승하고 있었고 (비록 1991년에 둔화가 있기는 했지만) 1990년대 말까지 상승세가 이어졌다. 그런 점에서 1987년 위기는 마르크스가 말한 순수한 '금융 위기'로, 투기적 자본시장에 내재한 불안정성에서 비롯한 것이었다.

그러나 2020년은 다르다. 이번 주식시장 폭락은 2008년처럼 불황으로 이어질 것이다. 필자가 전에도 주장했듯이 자본의 수익성이 낮고, 국제적 이윤이 기껏해야 정체해 있기 때문이다. 코로나19가 유행하기 전부터 말이다. 세계적으로 무역과 투자가 증가하기는커녕 감소해 왔다. 유가가 오르기는커녕 폭락했다. 코로나19가 경제에 입힌 타격은 불안정한 금융시장이 아니라 공급 사슬에서 먼저 나타났다.

다가올 불황의 규모는 얼마나 될까? 피에르-올리비에 구라샤는 예상되는 타격을 추산한 훌륭한 글을 발표한 바 있다. 구라샤는 최근 자주 회자되는 감염병 유행 곡선을 보여 준다. 아무런 조처를 하지 않으면 코로나19의 유행 곡선은 ⓐ곡선처럼 돼서 수많은 감염자

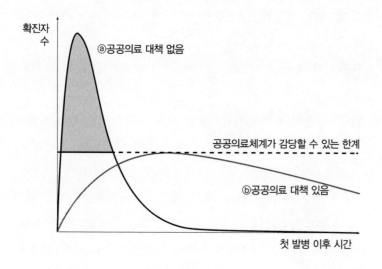

와 사망자를 낳을 것이다. 외출제한령과 격리 같은 조처를 시행하면 (ⓑ곡선처럼) 정점이 늦춰지고 낮아질 수 있다. 그 때문에 유행 기간 이 더 길어지겠지만 말이다. 그래도 감염자와 사망자를 줄일 수 있 을 것이다.

공공 보건 정책의 주안점은 "곡선을 완만하게 만들기"여야 한다. 그러려면 과감한 격리 조치를 시행하고 건강 수칙을 장려해 전파 속 도를 떨어뜨려야 한다. 현재 이탈리아가 중국처럼 감염 지역을 완전 히 봉쇄하고 있다. 비록 소 잃고 외양간 고치는 꼴이긴 하지만 말이 다. 영국은 아주 위험한 길을 택했다. 취약한 집단은 자가 격리시키 고, 젊고 건강한 집단은 감염되도록 내버려 둬서 이른바 '집단면역' 을 조성해 보건 체계의 과부화를 피하겠다는 것이다. 노인처럼 취약 한 집단은 감염되면 어차피 사망할 테니 포기하고, 경제(와 이윤)에 타격을 주는 외출제한령 같은 조처는 하지 않겠다는 것이다. 미국 정부는 사실상 아무것도 하지 않기로 했다. 대량 검사도 안 하고, 자 가 격리도 안 시키고, 공개 행사도 취소시키지 않으려 한다. 그냥 사 람들이 아플 때까지 기다렸다가 심각한 환자만 돌보겠다는 것이다.*

미국식 대처법은 가히 맬서스식 해법이라 할 만하다. 토머스 맬서 스는 19세기 초 가장 반동적인 고전학파 경제학자다. 맬서스가 주 장하기를, 세상에는 '비생산적인' 가난한 사람이 너무 많아서, 시시 때때로 생기는 전염병과 질병은 경제를 더 생산적으로 만드는 데 필 수적이고 또 필연적인 일이다.

---

* 마이클 로버츠가 이 글을 발표한 이후 미국과 영국 정부는 정책을 수정했다. 그러 나 너무 뒤늦었고, 여전히 부족하다는 점은 변함이 없다.

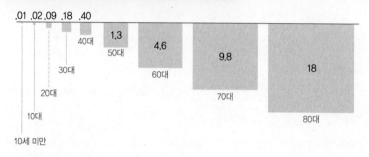

연령에 따라 증가하는 코로나19 증례치명률 (중국 자료에 근거함)

.01 .02 .09 .18 .40

10세 미만
10대
20대
30대
40대
1.3 50대
4.6 60대
9.8 70대
18 80대

2020년 1~2월 중국 후베이성에서 추정한 치명률
※ 증상자와 무증상자를 모두 포함

　영국의 보수적 언론인 제러미 워너가 코로나19로 '주로 노인이 사망'할 것이라며 맬서스 같은 소리를 했다. "까놓고 말해, 순전히 객관적인 경제적 관점으로 보면, 코로나19는 나이 든 피부양자를 비교적더 많이 도태시킨다는 점에서 장기적으로는 유익한 면이 있다." 비난이 일자 워너는 이렇게 답했다. "물론 당사자 입장에서 그런 사태는나이와 상관 없이 인간적 비극이겠지만, 나는 인간적 비극의 총합이아닌 경제학적 측면을 말했을 뿐이다." 과연 19세기 초에 마르크스가 경제학을 일컬어 "비정한 철학"이라고 했을 만하다.

　최종적으로 코로나19에 과감하게 대응한 중국과 (뒤늦게) 이를따른 이탈리아와 그 외 다른 나라들과 달리 미국과 영국 정부가 (적어도 아직은) 과감한 조처를 하지 않는 이유는, 그런 조처가 필연적으로 거시경제의 후퇴 곡선을 더 가파르게할 것이기 때문이다. 중국과 이탈리아에서 벌어진 일을 보자. 그곳에서는 개인 간 접촉을 줄이려고 학교, 대학, 대부분의 비필수 사업장을 폐쇄하고, 노동 가능

인구가 출근하지 못하게 했다. 재택근무가 가능한 노동인구도 있겠지만 그들은 전체 노동인구의 극히 일부다. 재택근무가 가능하다 해도 업무와 가족 일과에는 단기적으로 차질이 클 것이고, 생산성도 영향을 받을 것이다. 요컨대, 최선의 공중보건 정책은 경제를 갑작스럽게 멈추는 것이다. 즉, 공급 충격이다.

그러면 경제적 손실이 상당할 것이다. 구라샤는 그 충격을 계산하려 했다. 그는 방역 조치 첫 달에는 기준점 경제활동의 50퍼센트를, 그다음 달에는 기준점 경제활동의 25퍼센트를 중단시키고, 그 이후에는 기준점 수준으로 돌아간다고 가정했다. "이런 가정을 따르더라도 연간 산출 성장이 전년보다 대략 6.5퍼센트 감소해서 GDP 발표치가 상당한 타격을 입을 것이다. 경제활동 25퍼센트 중단을 한 달만 더 연장하면 연간 산출 성장은 전년보다 10퍼센트 줄어들 것이다!" 참고로 2008~2009년 대불황 기간에 미국의 산출 성장은 약 4.5퍼센트 감소했다. "우리는 2008~2009년 대불황을 훨씬 능가하는 침체를 곧 목도할 것"이라고 구라샤는 결론을 내렸다.

2008~2009년 대불황이 절정에 달했을 때 미국에서는 일자리가 매달 80만 개씩 사라졌지만, 여전히 압도 다수는 고용돼 일하고 있었다. 실업률은 최고점일 때 '겨우' 10퍼센트였다. 반면 코로나19는 일시적으로 50퍼센트나 그 이상의 사람들이 일하지 못하는 상황을 초래하고 있다. 경제활동이 받는 타격도 그만큼 훨씬 클 것이다.

그 결과 경제도 보건 체계처럼 '곡선을 완만하게 만들기' 문제에 직면할 것이다. ⓑ곡선은 급격한 경기후퇴로 입을 산출 손실을 나타낸다. 무수히 많은 경제 주체들이 각자 자기방어를 위해 지출을 줄이고, 투자를 보류하고, 신용을 삭감하는 등 일반적으로 움츠러듦으

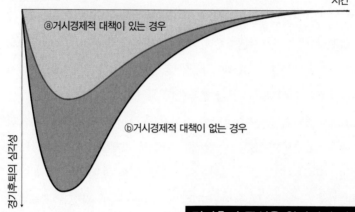

시간

ⓐ거시경제적 대책이 있는 경우

ⓑ거시경제적 대책이 없는 경우

경기후퇴의 심각성

경기후퇴 곡선을 완만하게 하기

로써 그 손실은 증폭될 것이다.

어떻게 해야 곡선이 완만해지는가? 중앙은행이 금융 부문에 긴급 유동성을 지원할 수 있고 이미 그러고 있다. 정부가 특정 부문을 겨냥해 임의적으로 재정 정책을 펴거나 경제활동 전반을 지원하는 더 폭넓은 정책을 펼 수도 있다. 이런 조처는 '경제 곡선을 완만하게 만들기'에, 다시 말해 ⓐ곡선처럼 경제적 손실을 완화하는 데에 도움이 될 수 있다. 이를 위해 노동자들의 임금과 고용을 지켜서 그들이 각종 청구서를 감당할 수 있게 하거나, 일정 기간 그런 비용의 납부를 면제할 수도 있다. 위기를 극복하도록 소규모 사업장들을 지원할 수도 있고, 2008~2009년에 그랬던 것처럼 은행을 구제할 수도 있다.

그럼에도 금융 위기는 여전히 위험성이 크다. 미국의 기업 부채는 증가해 왔으며, 허약한(신용등급이 BBB 이하인) 기업이 발행한 채권에 집중돼 있다.

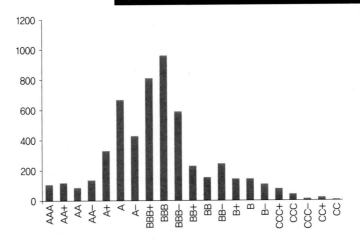

미국 비금융부문 신용등급별 회사채 미결제액

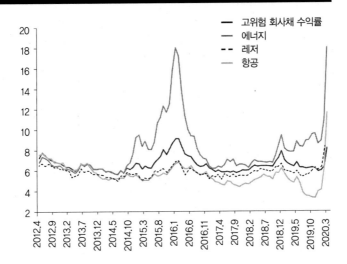

고위험 회사채 수익률 지수와 에너지, 레저, 항공 부문의 수익률

— 고위험 회사채 수익률
— 에너지
--- 레저
— 항공

그리고 유가 급락으로 에너지 부문은 이중으로 타격을 받고 있다. 채권 리스크 프리미엄(위험 채권에 대한 차입 비용)이 에너지 부문과 운송 부문에서 치솟았다.

중앙은행이 돈을 푸는 통화정책으로는 곡선이 완만해지지 않을 것이다. 기준 금리는 이미 0에 가깝거나 마이너스다. 금융 시스템에 막대한 신용이나 돈을 주입해도 생산과 투자가 늘어나지는 않을 것이다. 마치 끈으로는 당길 수만 있지 '밀 수는 없는 것'처럼 말이다. 값싼 신용은 공급 사슬에 박차를 가하지 못하며, 사람들이 다시 여행하고 싶은 마음이 들도록 하지도 못할 것이다. 소비자가 지출하지 않으면 기업의 수익에도 도움이 되지 않을 것이다.

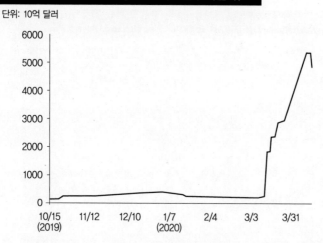

미국 연방준비제도가 발행한 환매조건부채권 규모

단위: 10억 달러

"시장의 혼란과 유동성 수요 증가에 대응해 연준은 다가오는 몇 주 동안의 미결제 환매조건부채권의 규모를 최대 5조 4000억 달러로 대폭 늘렸다." — 〈월 스트리트 저널〉 데일리샷 경기후퇴 완화 정책의 중심은 재정 정책이어야 할 것이다. 국제통화기금IMF이나 세계은행 같은 국제기구는 500억 달러 규모의 지원책을 내놨다. 국민국가 정부들은 이제 다양한 재정적 부양책을 펴기 시작했다. 영국 정부는 최근 예산에서 상당한 지출을 예고했고, 미국 의회도 비상 지출을 승인했다.

그러나 두 달간의 봉쇄와 외출제한령으로 대부분의 나라에서 경제가 10퍼센트 후퇴하는 상황에서 이런 계획이 충격을 완화할 수 있을까? 현재 재정지출 계획의 규모가 GDP의 10퍼센트에 근접하는 나라는 하나도 없다. 사실 2008~2009년 대불황 때의 중국만이 그만한 돈을 썼다. 영국 정부의 계획은 기껏해야 GDP의 1.5퍼센트에 지나지 않으며, 이탈리아는 1.4퍼센트고, 미국은 1퍼센트도 안 된다.*

4월 말이 되면 감염자 수가 정점을 찍고 감소하기 시작할 가능성이 있다. 정부는 그러기를 희망하며 계획하고 있다. 만약 사태가 그렇게 낙관적으로 흘러가더라도 코로나19는 사라지지 않을 것이다. 인플루엔자 같은 (그러나 그에 대해 잘 아는 바가 없는) 또 다른 병원체가 돼서 매년 우리를 괴롭힐 것이다. 그 전의 질병들처럼 말이다. 그러나 두 달 동안의 봉쇄와 외출제한령조차 경제에 상당한 타격을 줄 것이다. 그리고 지금까지 계획된 통화적·재정적 부양책은 경기후퇴 '곡선'을 어느 정도는 완만하게 만들더라도, 그래도 깊은 불황을 막기에는 역부족일 것이다. 아직 최악은 오지 않았다.

원문: Miclael Roberts, "It was the virus that did it", https://thenextrecession.wordpress.com/2020/03/15/it-was-the-virus-that-did-it (2020-03-15).

---

* 마이클 로버츠가 이 글을 발표한 이후 미국 정부는 추가 재정 정책을 발표했다. 그럼에도 경제를 살리기에는 여전히 부족하다.

코로나19 사태 계기로 세계경제 공황이 시작되다

　코로나19가 유럽과 미국으로 확산하면서 세계경제가 공황에 빠져들었다. 미국, 유럽, 일본의 증시는 지난 한 달간 고점 대비 30퍼센트가량 추락했다. 이탈리아는 40퍼센트 줄었다. 주가 하락 속도는 2008년 대불황 때보다 더 빠른 상황이다.

　미국의 트럼프는 세계 인구의 40~70퍼센트가 감염될 것이라는 전망이 나왔을 때에도 코로나19가 "독감보다 치명적이지 않다"며 여유를 부렸다. 그러나 증시 추락이 본격화하자 태도가 완전히 달라졌다. 미국 연방준비제도이사회는 금리를 0~0.25퍼센트로 파격 인하하고 7000억 달러의 양적완화를 하며 주식시장을 부양하려 했다. 그러나 오히려 시장이 더욱 추락하자 자회사를 설립해 기업어음까지 사들이기로 했다. 2008년식 양적완화로 즉각 돌아간 것이다.

　2008년 위기 당시 조지 W 부시 정부가 기업들에게 막대한 돈을 지원하는 것을 보며 "부자들을 위한 사회주의"라는 말이 생겼다. 이 때문에 미국 의회에서 양적완화 정책을 부분적으로 규제하는 도드-프랭크법이 통과됐다. 그러나 이제 금융 위기 우려가 커지자 미국 지배자들은 자신들이 만든 법도 가볍게 무시하고 기업 퍼주기에 나선 것이다. 일본은행도 주식시장을 떠받치기 위해 138조 원을 투입하기로 했다.

그럼에도 통화정책만으로는 위기에 대처할 수 없다는 전망이 많다. 이미 지난 10여 년간 여러 나라가 초저금리를 유지해 왔기 때문에 통화정책만으로는 위기에 대응하는 것이 제한적이기 때문이다.

그래서 각국 정부는 재정 정책도 발표하고 있다. 미국 정부는 최대 1조 2000억 달러(약 1500조 원)에 이르는 재정 지원책을 마련하고 있다. 이는 미국 GDP의 약 5퍼센트를 웃도는 돈이다. 2008년 미국 발 세계경제 공황 직후 미국 정부가 시행했던 8500억 달러짜리 경기 부양보다 더 큰 규모다. 재정 적자를 줄이기 위해 노인 의료보험과 저소득층 의료보험 비용을 삭감해 온 트럼프가 경제 살리기에는 정말이지 통 크게 지원하는 것이다.

이 돈 중에는 미국 성인 1인당 1000달러(약 123만 원)를 직접 주는 정책이 포함될 것이라고 한다. 그러나 그렇다 하더라도 대중에게 지급하는 돈보다 기업들을 위해 쓰는 돈이 훨씬 더 많다. 당장 미국인에게 현금 지급을 위한 돈은 2500억 달러 정도이지만, 나머지 9500억 달러 중 많은 부분은 기업 지원에 쓰일 것이다.

유럽도 GDP의 1퍼센트 수준인 1200억 유로(163조 원)을 경기 부양을 위해 쓰기로 했다. 유럽 지배자들은 이제까지 엄격한 긴축정책을 추진하며 복지 삭감을 압박해 왔다. 그러나 이번에는 긴축을 강요하는 재정 규칙인 '안정성장협약'을 적용하지 않기로 했다. 이제까지 노동자와 가난한 사람에게는 긴축을 강요하고 공공의료를 축소해 온 지배자들이 기업 살리기를 위해서는 아낌없이 돈을 쏟아 붓고 있는 것이다.

그러나 이런 조처들이 경제 침체를 막을 수 있을까? 이런 조처가 주식시장을 일시적으로 부양하고, 기업들의 파산을 유예시킨다 하더라도 경기후퇴를 막기는 힘들 것이다.

올해 1~2월 중국의 산업 생산은 지난해 같은 기간 대비 13.5퍼센트 급감했다. 1~2월 소매 판매는 20.5퍼센트 줄었다. 2월 중국의 휴대폰 출하량은 지난해 같은 기간 대비 무려 56퍼센트 줄었고, 자동차 판매량은 79퍼센트 급감했다. 그래서 골드만삭스는 중국의 1분기 GDP 성장률이 지난해 대비 9퍼센트 감소할 것이라고 예상했다. 미국 경제성장률이 가장 크게 떨어졌을 때인 2008년 4분기의 경제성장률이 마이너스 8.4퍼센트였던 것과 비교해 보면, 지금 상황의 심각성을 알 수 있다. 게다가 경제의 마비 상태는 유럽과 미국 등으로 파도타기를 하듯 이어지고 있다. 주요 자동차 기업들이 유럽에서 생산을 중단하고 있고 생산 차질이 확산되고 있다.

만약 코로나19로 인한 봉쇄와 외출제한령이 해제된다 하더라도 경제 타격의 후유증은 상당히 심각할 것이다. 지금 각국 정부가 발표한 재정 지원책은 미국을 제외하면 GDP의 1퍼센트대 수준인데 이 정도 부양책으로는 경기를 떠받칠 수 없을 것이다.

무엇보다 정부의 재정 투입과 금융 지원으로는 추락해 있는 이윤율을 회복시키는 데 한계가 있다. 현재 세계적으로 기업들의 이윤율은 매우 낮은 수준에 머물러 있다. 마르크스가 살던 시대에는 경제 위기가 벌어지면 부실 기업들이 파산하고 살아남은 기업들이 이를 헐값에 인수 합병하는 공황을 거치며 기업들은 이윤율을 회복했다. 그러나 무너지게 놔두기에는 기업들의 규모가 너무 커져 버린 상황에서는 기업 퇴출을 통해 이윤율을 회복하는 일이 제약되고 있다.

이런 상황에서 정부들은 재정·금융 지원을 해 왔지만 이는 부실해진 기업들을 겨우 연명시켜 왔을 뿐이다. 그래서 2008년 세계 대불황 이후 정부가 여러 지원을 했는데도 경제성장은 지지부진한 반면 세계적으로 부채는 최고로 치솟아 있는 상황이다. IMF는 이미 "2019년 10월 세계 금융 안정 보고서"에서 기업 부채가 금융 위기의 뇌관으로 작동할 수 있다고 전망했다. 미국, 중국, 일본, 유로존(독일·프랑스·영국·이탈리아·스페인) 등 8개국 기업 부채 총액의 40퍼센트가 채무불이행(디폴트) 위험이 있다고 했었다.

각국 지배자들은 이번 사태가 가뜩이나 취약한 기업들을 도산시켜, 금융 위기가 촉발되지 않을까 하는 두려움에 떨고 있다.

이처럼 코로나19 사태가 세계경제 공황으로 이어지고 있는 것은 단지 바이러스의 위험성 때문이 아니다. 코로나19는 위기를 촉발하는 방아쇠 구실을 했을 뿐이다. 경제 위기의 핵심 원인은 하락한 이윤율을 회복하지 못하는 자본주의 체제의 문제에 있다.

그런데도 고통은 노동자들에게 강요되고 있다. 세계 곳곳에서 노동자들은 건강이 위협받을 뿐 아니라, 무급 휴직, 임금 삭감, 해고 위협 등에도 시달리고 있다. 2월 중국 도시의 실업률은 6퍼센트를 넘었다. 지난 20년간 중국의 실업률이 4~5퍼센트였던 것에 비춰 보면 약 500만 명 이상이 일자리를 잃었을 것으로 추정된다.

한국의 문재인 정부는 연일 "특단의 대책"을 시행하겠다고 말하지만 턱없이 부족한 추경을 냈을 뿐이다. 재난기본소득 요구도 외면하고 있다. 추경에서 노동자와 서민에 대한 지원을 늘려야 한다는 요구가 컸지만 민주당과 미래통합당은 정부가 낸 추경안을 단 한 푼도 증액하지 않고 통과시켰다.

고장 난 자본주의를 살리기 위해 기업과 부자에게 돈을 퍼 줄 것이 아니라 노동자와 가난한 사람의 삶을 지원해야 한다. 노동자와 가난한 사람의 삶을 지키기 위해 노동자들의 투쟁이 전진해야 한다.

출처: 정선영, 〈노동자 연대〉 315호(2020-03-18).

코로나19 확산, 유가 전쟁, 세계경제 위기 조짐

코로나19가 대유행에 접어들고 있는 상황에서 사우디아라비아와 러시아가 유가 전쟁을 벌이자 전 세계 주가가 폭락했다. 미국 언론은 주식시장이 "더블 펀치"를 맞았다고 표현했다.

3월 9일 '블랙 먼데이'는* 몇몇 기록을 경신했다. 미국 증시가 7퍼센트 이상 하락해 1997년 이래 처음으로 15분간 거래를 중단하는 서킷 브레이커가 발동됐다. 이날 국제 유가는 30퍼센트 하락해 1991년 제2차 걸프전 이래 가장 많이 하락했다.

주가도 2008년의 세계경제 위기 이래 최대 폭으로 하락했다. 주가 시세를 나타내는 전광판은 시퍼렇게 멍들었고, 뉴욕에서는 단 하루 만에 3조 3100억 달러(4000조 원)가 날아갔다. 유럽 증시도 마찬가지였는데, 이탈리아 증시는 11.17퍼센트 하락했고, 독일 증시는 7.94퍼센트 하락했다.

이날 주가 하락을 촉발한 직접적인 요인은 유가 전쟁이다. '오펙

---

* 블랙 먼데이 뉴욕 주식시장에서 주가가 전일 대비 22.6퍼센트 폭락했던 1987년 10월 19일에 빗댄 말.

플러스OPEC+'가 러시아의 반대로 감산 합의에 실패하자, 사우디는 석유 판매 가격을 6~10달러 인하하고 4월부터 하루에 1230만 배럴을 생산하겠다고 발표했다. 사우디의 하루 석유 생산량이 1200만 배럴인데, 여기에 비축유를 30만 배럴 더 내놓겠다고 하는 것이다. 이 때문에 국제 유가는 한때 2016년 1월의 기록인 배럴당 28달러 밑으로까지 떨어졌다.

유가 전쟁에는 제국주의적 이해관계가 복합적으로 작용하고 있다. 코로나19로 석유 수요가 대폭 줄어들 게 분명한 상황에서 러시아와 사우디가 석유 공급을 늘리겠다고 선포한 것은 경쟁력이 취약한 석유 기업들을 무너뜨려 시장 점유율을 높이자는 심산이다. 러시아와 사우디의 진정한 목표는 미국 셰일 기업들이라는 얘기가 나오고 있다. 2016년에 오펙 플러스의 감산 합의로 석유 가격이 더 떨어지지 않아서, 도산 위기에 빠져 있던 미국 셰일 기업들이 가장 큰 이득을 챙긴 바 있다.

더욱이 러시아 푸틴은 미국 트럼프에게 보복할 기회도 잡게 됐다. 트럼프가 독일과 러시아를 잇는 액화천연가스 송유관 연결 사업인 '노르드 스트림2' 참가 기업에 제재를 가한 것에 대한 보복이다.

러시아가 감산 협상에 동참할 것이라고 밝히긴 했지만 유가 전쟁은 쉽게 끝나지 않을 것이다. 그러면 미국 셰일 기업들은 석유 생산을 계속하기 힘들 것이다. 사우디의 국영기업 아람코가 생산하는 석유의 원가는 배럴당 2.8달러에 불과하지만 셰일 기업들은 40달러 초반이기 때문이다.

---

* 오펙 플러스 석유수출국기구(OPEC) 14개국과 러시아 등 비회원국들의 연합체.

3월 9일 일부 셰일 기업의 주가는 하루 만에 반 토막이 나기도 했다. 컨설팅 업체 라이스타드에너지는 유가가 배럴당 30달러라 할지라도 "이 정도 가격에서는 셰일 기업 5개만 견딜 수 있다"는 보고서를 낸 바 있다. 나머지 기업 100여 곳은 어렵다는 의미다.

유가 전쟁이 벌어지자 도널드 트럼프는 예의 가벼움으로 "휘발유 가격이 내렸다. 소비자들에게 좋은 소식"이라는 트윗을 날렸다. 사실 많은 사람들도 유가가 하락하면 좋은 일 아닐까 생각한다. 그러나 셰일 산업이 미국 국내총생산에서 차지하는 비중이 10퍼센트이기 때문에 많은 기업들이 생산을 감축하거나 도산한다면 그 파장은 만만찮을 것이다.

2019년에도 미국 석유 업체 42곳이 파산했는데, 이들의 부채 규모는 2018년의 두 배인 260억 달러였다. 신용평가사 무디스에 따르면, 북미 지역 에너지개발 업체들이 2024년까지 갚아야 할 돈이 860억 달러에 이른다고 한다.

따라서 셰일 기업들의 연쇄 파산은 금융권에 큰 타격을 줄 것이다. 실제로 블랙 먼데이 때 금융 기업들의 주가도 폭락했다. 예를 들어 BOK파이낸셜은 이날 주가가 25퍼센트나 하락했는데, 이 기업의 대출 중 18퍼센트가 에너지 관련 기업이기 때문이었다. JP모건과 씨티은행도 에너지 관련 기업 대출이 자본금의 7~15퍼센트 수준이기 때문에 셰일 기업의 파산은 금융기관의 부실로 바로 이어질 것이다.

저유가가 지속된다면 석유 수출에 크게 의존하는 이란과 베네수엘라, 브라질 같은 국가들도 큰 타격을 입을 것이다. 중국 같은 석유 수입국은 득을 볼 수 있지만, 반대로 세계경제 위기로 수출이 더 어려워질 수도 있다. 이는 다시 세계경제에 큰 타격을 줄 수 있다.

세계경제의 불황 때문에 파이가 줄어드는 상황에 대처하기 위한 경쟁이라는 점 때문에 사우디와 러시아 그리고 미국이 벌이는 유가 전쟁은 쉽게 끝나지 않을 것이다. 불황이 심각해질수록 기업들의 손실 나누기 경쟁이 더 치열해진다는 마르크스의 지적이 유가 전쟁에서도 나타나고 있다.

금리 인하와 재정지출 확대가 도움이 될까?

유가 폭락이 있기 전에도 국제기구들은 코로나19의 영향 때문에 세계경제 전망을 줄줄이 낮추고 있었다. IMF 총재 게오르기에바는 세계경제 성장률이 2.9퍼센트를 밑돌 것이라고 예상했는데, 올 1월 IMF의 세계경제 전망치 3.3퍼센트에 견주면 대폭 하향 조정이다.

코로나19의 영향은 중국의 2월 경제 지표로 드러난다. 중국의 경제지인 〈차이신財新〉이 발표한 2월 제조업 구매관리자지수는˙ 40.3을 기록해 충격을 줬다. 이 수치는 2008년 세계경제 위기가 절정에 이를 때인 11월의 40.9보다 낮았다.

중국 제조업 구매관리자지수의 폭락은 단기적 현상이 아니라 글로벌 생산 체계의 부분적 해체를 초래할 수 있기 때문에 세계 지배자들은 노심초사하고 있다. 비록 코로나19가 중국에서 진정된다 할지라도 전 세계로 확산하고 있고, 또 유가 전쟁으로 미국 경제가 타격을 받는다면 그 영향이 중국 제조업에 미칠 수 있기 때문이다.

˙ 구매관리자지수(PMI) 제조업 경기를 파악하는 데 중요한 선행 지표로, 기준인 50을 넘으면 경기 확장을, 50 이하면 경기 위축을 나타낸다.

그래서 각국 정부는 경제가 침체에 빠질까 우려하며 급박하게 대응하고 있다. 미국 중앙은행인 연방준비제도는 3월 3일 긴급회의를 열어 금리를 0.5퍼센트포인트 인하하기로 결정했다. 미 연준이 정례회의가 아닌 긴급회의를 열어 금리 인하 소식을 알린 것도 2008년 이래 처음이다. 그리고 3월 17~18일의 정례회의 때 또 0.5퍼센트포인트를 인하할 것으로 예상된다.

미 연준의 예상 밖 금리 인하에 대한 시장의 반응이 흥미롭다. 금리 인하 소식이 있자 3월 2일 다우지수는 5퍼센트 급등했지만 금리 인하가 효과가 있을지에 대한 회의감 때문에 그 다음 날엔 3퍼센트 가까이 하락했다. 금리를 더 낮추더라도 투자 증대 효과가 나타나지 않을 것이라는 케인스의 유동성 함정을* 우려했던 것이다.

사실 2008년 세계경제 위기 이후 각국은 금리 인하 같은 전통적인 통화정책과 양적완화 같은 비전통적인 통화정책을 펼쳤지만 경제를 회복시키지 못했다. 오히려 부동산 거품이나 주식시장 호황만을 초래했다. 또한 차입한 빚조차 갚기 어려운 '좀비기업'들이 살아남을 수 있는 환경이 형성됐다.

그래서 케인스주의 경제학자 폴 크루그먼은 "우리는 지난 12년 중 8년을 유동성 함정에 빠져 있었다"며 "미국 대통령과 의회는 GDP의 2퍼센트를 공공 투자에 지출할 것을 제안한다"고 말했다. 그가 제시한 공공 지출 확대 같은 재정 정책은 지지할 만하다. 최근 코로나19에 대한 대응으로 민주노총은 모든 국민에게 재난생계소득 100만

---

* 유동성 함정 금리 인하나 화폐량 증대 등 통화정책을 펴더라도 투자와 생산의 확대로 이어지지 않는 현상을 말한다.

원을 지급하라고 요구했다. 홍콩 정부가 영주권자에게 1만 홍콩달러(약 154만 원)를 지급하겠다는 것도 이런 재정 정책의 일종이라 볼 수 있다. 또 정부가 무한정 화폐를 발행해 재정 정책을 펴자는 현대 화폐이론 옹호자들의 주장도 이와 같은 맥락이다.

노동자들에게 혜택이 돌아가는 재정지출은 마땅히 해야 한다. 그럼에도 이 정책이 경제를 회복시킬 것이라고 기대하기는 힘들다. 공공 지출이 늘더라도 이윤율이 낮은 상황에서는 민간 부문이 생산을 활발하게 촉진하지는 않을 것이기 때문이다.

민간 기업들이 생산을 확대하기 위해 투자를 하고 신규 고용을 늘리려면 이윤율이 보장돼야 한다. 하지만 아래의 그래프가 보여 주듯이, 코로나19가 번지기 전에도 이윤율은 계속 하락해 왔다.

역사를 보더라도 케인스주의 정책은 큰 효과를 내지 못했다. 역대

세계 기업의 연간 이윤율(%) (가중 산술 평균)

일본 정부는 수차례 막대한 자금을 가계에 지원했지만 경제를 성장세로 돌리는 데는 실패했다. 미국에서도 1933년 집권한 루스벨트는 대규모 경기 부양책(이른바 뉴딜정책)을 펼쳤지만 1937년에 심각한 불황을 겪었다. 결국 미국 경제는 1941년 전쟁 호황 덕분에 1929년 이전 수준을 회복할 수 있었다.

게다가 2008년 이래 계속된 불황 때문에 각국 정부가 재정 정책을 사용할 여력도 크지 않다. 유로존 회원국들은 재정 적자가 국내 총생산의 3퍼센트를 넘지 못하도록 규정한 신자유주의적 마스트리흐트 조약 때문에 운신의 폭이 좁다. 미국도 쌍둥이 적자(재정 적자와 무역 적자)로 고통을 겪고 있어 대규모 경기 부양책을 실시하기가 쉽지 않다. 설사 각국 정부가 경기 부양책을 펼쳐도 이는 경제의 자유 낙하를 잠시 유예할 수 있을 뿐이고 경제를 살릴 수는 없을 것이다.

따라서 전 세계 지배자들은 이번 코로나19로 촉발된 위기에서 노동계급에게 막대한 고통을 강요할 것이다. 그러나 노동자들이 고장 난 자본주의를 위해 희생해야 할 이유는 전혀 없다.

출처: 이정구, 〈노동자 연대〉 315호(2020-03-11).

3장
사람보다
기업 이윤이 먼저인
세계 지배자들

지배자들은 환자보다
자본주의를 치료하고 싶어 한다

미국과 유럽에서 코로나19 환자가 급증하자 결국 세계보건기구가 3월 11일 팬데믹을 선언했다. 팬데믹은 인류 대부분이 면역력을 갖지 않은 감염병의 세계적 확산을 뜻한다. 미지의 위험이니만큼 전세계 각국 정부에 최고 수준의 대응을 촉구하는 것으로, 세계보건기구 역사상 세 번째다. 1968년 홍콩 인플루엔자와 2009년 신종플루 당시 팬데믹 선언이 있었다.

비교적 최근에 유행한 2009년 신종플루의 경우, 국내에서 첫 환자가 확인된 5월 이후 연말까지 74만여 명이 감염됐다. 집계를 중단할 때까지 사망자는 260명으로 알려졌다. 치사율이 높지는 않았지만 세계적으로 번져 첫해에만 전 세계에서 57만 9000여 명이 사망했다.

지금까지 알려진 바로는 코로나19는 신종플루보다 치사율이 훨씬 높다. 그러나 치사율은 단지 특정 바이러스의 물리적 특성에 따라 결정되는 것이 아니다. 인류가 감염병에 얼마나 잘 대응하는지에 따라 크게 달라진다.

3월 18일 현재 전 세계 확진자 중 4퍼센트가량이 사망했다. 확진자가 가장 많은 10개 나라의 치사율은 0.3퍼센트(독일)에서 7.9퍼센트(이탈리아)까지 그 폭이 넓다. 치료제와 백신이 개발되면 치사율은 특정 지역이나 시기에 한정해서만 의미가 있을 것이다.

중국 시진핑 정부는 코로나19 확산을 막는 데 성공했다며 의기양양하다. 중국 정부의 통계 발표를 믿는다면 확진자가 폭증하는 상황을 어느 정도 진정시킨 듯하기는 하다. 많은 이들이 지적하듯이 가혹한 이동 통제와 격리가 효과를 낸 듯하다. 수도 베이징에서조차 아파트에 택배 배달원이 들어갈 수 있게 된 것이 며칠 되지 않았다.

그럼에도 중국 인구 14억 명 중 단지 7만여 명(0.005퍼센트)만이 면역력을 얻었을 뿐이다(그조차 확실치 않다). 지금 같은 통제를 계속 유지하기도 어렵다. 게다가 이미 전 세계로 감염병이 퍼져 있으므로 언제든 다시 번질 가능성이 있다. 처음 환자가 늘어날 때처럼 속수무책은 아니겠지만 말이다.

시진핑이 의기양양한 데에는 미국의 트럼프와 영국의 보리스 존슨 같은 주요 선진국 지배자들의 무능이 한몫하고 있다.

지배자들의 소름 끼치는 기업 이윤 우선적 대응

재선을 노리는 트럼프는 코로나19 확산의 위험을 애써 축소하다가 환자가 폭증하자 방향을 180도 바꿔야 했다. 덕분에 미국 증시는 1929년 대공황 때보다 더 빠른 속도로 폭락했다.

영국 임페리얼칼리지 연구진은 아무 조처를 취하지 않을 경우 미국에서만 사망자가 220만 명에 달할 것이라는 보고서를 발표했다.

사실 연구라고 할 것도 없는데, 미국 인구 3억 3000만 명 가운데 60퍼센트가량이 감염되고 1퍼센트 안팎이 사망한다고 계산하면 대략 이 정도 숫자가 나올 것이다.

인구 다수가 코로나19에 대한 면역력을 얻게 되면 바이러스 확산은 크게 둔화한다. 인간 사회 곳곳에 전파를 막는 장벽이 있는 모양새가 되기 때문이다. 이를 '집단면역'이라고 한다. 이 용어는 감염병이 휩쓸고 간 뒤의 상황을 묘사하거나, 백신이 개발됐지만 공급량이 충분치 않을 때에도 백신 접종을 해 나가야 하는 이유를 설명하기 위한 개념이다.

그런데 영국 총리 보리스 존슨은 백신도 없이 집단면역 획득을 전략이랍시고 내세웠다. 따라서 휴교령 등의 조처는 필요하지 않다는 것이다. 이는 지배자들의 관점을 매우 솔직하게 드러낸 것이다.

인플루엔자 같은 호흡기 감염병 확산에 학교가 매우 큰 구실을 한다는 점은 잘 알려져 있다. 아직 충분히 밝혀지지 않은 어떤 이유들 때문에 아이들은 이런 바이러스에 감염돼도 증상을 보이지 않는 경우가 많다. 그럼에도 바이러스를 많이 보유하고 전파한다. 그래서 사회 전체로 보면 바이러스가 학교에서 가정으로, 그다음 직장으로 확산하는 패턴을 보인다. 감염병에 취약한 노인들을 보호하기 위해서라도 휴교령이 꼭 필요한 이유다. 지금까지 알려진 바로는 코로나19의 경우도 마찬가지다.

그런데 자본주의 지배자들은 특히 노인들에게 냉혹하다. 이들이 현재와 미래의 이윤 창출에 도움이 안 된다고 여기기 때문이다. 지난 수십 년 동안 주요 선진국들에서 연금 등 노인 복지가 가장 먼저 삭감된 이유다. 보리스 존슨은 이참에 노인들을 버리겠다고 선언한 셈이다. 결국 그도 어마어마한 대중의 반발을 사 트럼프와 마찬가지로 방향을 급선회해야 했다.

최악의 상황으로 치닫는 이탈리아에서도 80세 이상의 환자들을 중환자실에 입원시키지 말라는 지침이 내려졌다고 한다. 부족한 "의료 자원을 비축"하라는 게 이유다. 이탈리아는 유난히 높은 사망률을 기록하고 있는데, 이는 감염이 상당히 확산될 때까지 이탈리아 정부가 방역을 강화하지 않은 것 때문으로 보인다.

'페이션트 제로'(0번 환자라는 뜻)라고 불리는 이탈리아의 확진자는 몇 주 동안 동네 병원을 돌아다녔는데, 당시 중앙정부와 지방정부의 검사 지침이 통일돼 있지 않아 검사를 받지 못했다고 한다. 그 사이에 감염이 일파만파 이뤄졌을 것이다. 일부 진화생물학자들이 우려하듯 유럽으로 건너간 사스-코로나바이러스-2에 돌연변이가 일어났을 가능성도 없지 않다.

우한과 대구에서 벌어진 상황처럼 이탈리아에서도 갑자기 환자가 다수 발견되고 기존 병원들이 그 수를 감당하지 못해 환자들이 방치된 채 죽어 간 듯하다. 동시에 경증 환자가 중증으로 악화하는 악순환이 벌어진 것으로 보인다. 매일 수천 건씩 검사를 하는데 지금도 높은 비율로 확진자가 나오는 것으로 보아 실제 감염자는 확인된 사람의 수보다 훨씬 많을 것이다.

긴축정책으로 공공병원이 낙후해지거나 의료진이 부족해진 영향도 있을 것이다. 의료비 개인 부담률이 10여 년 사이에 크게 높아져 열이 나도 병원을 찾지 않은 노인들이 많았을 것이다.

그러나 국내 우파 언론들이 이탈리아 사례를 거론하며 공공의료 자체가 문제라는 식으로 보도하는 것은 되지도 않는 아전인수식 해석일 뿐이다. 경제협력개발기구OECD 국가 중 병상이 가장 많은 한국에서는 정부가 통제하는 공공 병상이 부족해 확진자 수천 명이 여전히 병원도 아닌 시설과 집에 머무르고 있다.

일본 아베 정부도 최악의 사례다. 많은 과학자들이 일본 정부의 조용한 '무대응'이 사실상 보리스 존슨의 정책과 같은 것이 아닌지 의심하고 있다. 일본의 확진자 추이는 정비례 직선을 그리고 있는데, 검사 수를 늘리지 않고 있기 때문으로 보인다. 올림픽, 그것도 후쿠시마 핵 참사를 가리기 위해 개최하는 올림픽에 엄청난 판돈이 걸려 있기 때문일 것이다. 올림픽이 연기되거나 취소되면 아베는 엄청난 정치적 타격을 입을 것이다. 물론 그 때문에 아베가 물러날지는 불확실하다. 아베는 이미 여러 차례 치명적 위기를 겪었지만 안타깝게도 대안 부재 때문에 장기 집권에 성공해 왔다.

코로나19 팬데믹은 세계적 수준에서 계급 갈등을 격화시키고 있다. 이윤에 타격을 입은 기업주들은 그 비용을 노동자들에게 떠넘기려고 무급 휴직, 해고 등 가차 없는 공격을 시작했다. 일부 기업주들은 이참에 구조조정을 시도하는가 하면 일부는 손실을 만회하려고 노동시간 연장 등 노동강도 강화를 시도하고 있다. 코로나19 이전부터 탄력근로제 등 노동 개악을 추진해 온 것에서 보듯이 문재인 정부도 이런 고통 전가를 확실하게 실시해 '국가경쟁력'을 지키려 할 것이다.

세계 각국 정부가 앞다퉈 소득 지원 등 경기 부양책도 쓰기 시작했지만 노동계급의 삶을 지키는 데에는 역부족이다. 문재인 정부도 2차 추경 등을 고려하지만 당장 생계가 곤란해진 노동자 대중 지원에는 미적대고 있다.

민주노총은 재난생계소득 등 노동자들의 삶을 지키기 위한 요구를 발표했다. 이를 쟁취하기 위한 투쟁에 시동을 걸어야 한다. 지배자들은 팬데믹이 끝날 때까지 공격을 미루지 않을 것이다.

출처: 장호종, 〈노동자 연대〉 315호(2020-03-18).

바이러스로부터 자본주의만 구제하려는 지배자들, 사람은 아직

우리는 코로나19 사태에서 이미 중요한 두 가지 사실을 알게 됐다. 첫째는 올 것이 오고야 말았다는 것이다. 수십 년 동안 많은 사람들이 맹목적 자본축적 때문에 끔찍한 재앙이 펼쳐질 것을 예측했다. 오늘날 호주 산불과 코로나19 대유행은 바로 그런 재앙이 시작됐음을 보여 준다.

나는 대학 교직원 노동자 수만 명과 함께 몇 주간 파업을 벌였다. 현재 조합원들은 코로나19가 온갖 혼란을 자아내는 와중에 일터로 복귀하고 있다. 애초 노조의 요구는 임금, 연금, 고용 유연화에 대한 것이었다. 노조는 여기에 즉각 휴교를 추가했다. 이제 우리는 재난이 한창인 와중에 투쟁을 벌이게 될 것이다.

둘째, 많은 나라들에서 극우 집권 세력이 재난을 악화시켰다. 미국 대통령 도널드 트럼프와 영국 총리 보리스 존슨이 무엇보다 두드러진 사례다.

코로나19는 십중팔구 고도의 공장제 축산이 낳은 뜻하지 않은 결과일 것이다. 자본주의는 그 무자비한 작동 방식으로 자연을 무참하게 파괴한 도덕적 책임이 있다. 그러나 지난 몇 주 동안 금융시장에서 일어난 패닉은 코로나19 대유행이 세계경제를 파탄 낼 것이라는 기업주들의 일리 있는 공포를 반영한다.

썩어 빠진 극우 정치인들은 상황을 훨씬 악화시킬 수 있다. 트럼프와 존슨의 대응은 둘 다 소름 끼치지만, 상당한 차이가 있다. 트럼프는 주가를 올려 재선에 도움이 되는 호시절 분위기를 연출해야 한다. 그래서 트럼프는 코로나19가 대수롭지 않은 양 굴면서 그 위험성을 민주당이 꾸며 낸 "거짓말"로 치부하고 무시한다. 미 연방정부는 코로나19 감염 여부를 검사하는 약품의 초기 생산을 그르쳤다. 이제 코로나19가 미국 사람들 사이에 마구 퍼지고 있다는 것은 거의 확실해졌다. 트럼프는 자신의 방침을 번복해야 했지만, 트럼프가 내린 [유럽발] 입국 금지령은 바이러스의 전파 경로가 된 세계 자본주의의 연결망을 차단하겠다는 성마르고 헛된 시도다.

언뜻 보면 존슨은 더 이성적으로 대응하는 듯하다. 〈뉴욕 타임스〉의 한 기사 제목이 존슨의 대응을 잘 요약한다. "바이러스로부터 경제를 지키는 영국, 사람은 아직." 사실 존슨의 대응은 훨씬 형편없다. 재무부 장관 리시 수낙은 기업들이 코로나19 위기를 헤쳐 나가는 것을 도우려고 경제에 돈을 쏟아붓고 있다. 그러나 영국 정부는 대규모 검사를 포기하고 있고 자국민의 약 60퍼센트가 감염될 것이라고 전망한다.

이는 충분히 많은 사람들이 병에 걸리면 "집단면역"이 형성될 것이고, 그렇게 되면 나중에 코로나19가 다시 유행할 때 재감염을 막을 수 있다는 발상이다. 친정부 인사들은 이런 전략이 "과학적 증거"

를 바탕으로 한다고 주장한다.

그러나 그런 증거는 없다. 코로나19는 코로나바이러스의 새로운 변종이다. 진화생물학자 롭 월리스는 저서 《거대 농장이 거대 독감을 낳는다》에서, 인플루엔자가 여러 생물학적 차원에서 변이하고 발전하는 어마어마한 능력을 지니고 있음을 보여 준 바 있다. 코로나19에 노출되면 저절로 면역이 생길 것이라는 발상은 억측일 뿐이다.

3월 14일 수학자 애덤 쿠차르스키는 트위터에 이렇게 썼다(존슨 정부는 자신의 전략을 뒷받침하는 근거로 쿠차르스키의 수학적 모델을 들었다). "'집단면역' 조성을 코로나19 대응 전략의 핵심으로 적극 추구한다는 영국 정부의 메시지는 매우 거북하다."

설상가상으로 존슨은 사람들의 목숨을 담보로 도박을 하고 있다. 특히 코로나19에 취약한 노인들의 목숨을 걸고 그러고 있다. 바이러스가 제멋대로 퍼지게 내버려 둔다는 것은 60세 이상 노인들을 사지로 내몰겠다는 것이며, 이미 파탄 직전 상태에서 허덕이는 국가보건서비스NHS에 이들의 운명을 맡기겠다는 것이다.

이 냉혹한 보수당 정부가 우리를 지켜 주리라 기대해서는 안 된다. 정부의 방침을 바꾸고, 국민보건서비스, 자가 격리 가구, 취약 계층에 자원을 투여하는 것을 강제하려면 집단행동이 필요할 것이다. 많은 사업장이 폐쇄될 것이므로 이런 행동은 노동계급이 모여 사는 지역사회를 중심으로 벌어져야 할 것이다. 이미 상호부조 단체들이 전국 곳곳에서 생겨나고 있다. 아래로부터의 조직이 그 어느 때보다 더 중요해졌다.

원문: Alex Callinicos, "Rulers want to cure capitalism of virus", *Socialist Worker* 2696(17 Mar 2020).

"사랑하는 사람들의 죽음에 대비하라"고?

코로나19 대유행에 대한 전 세계 권력층의 속내를 가장 잘 표현한 인물은 영국의 강경 우파 총리 보리스 존슨일 듯하다. 3월 12일 존슨은 대국민 담화에서 "사랑하는 사람들의 죽음에 대비하라" 하고 냉혹하게 말했다. 충분히 많은 수가 감염되면 '집단면역'이 생겨 안전해질 테니 그 전까지 사망자는 '불가피한' 희생일 뿐이라는 입장이다.

하지만 사망률이 아무리 낮아도 많은 사람이 걸리면 많이 죽는다. 영국 보건부는 존슨의 시나리오에 따르면 영국인 80퍼센트가 감염될 것이라고 추산했다. 그러면 사망률이 1퍼센트라고 가정해도 영국에서만 50만 명 이상이 목숨을 잃을 것이다(게다가 진화생물학자 롭 월리스가 지적하듯, 이는 바이러스가 많은 사람들에게 전파될 동안 어떻게 변이할지는 전혀 고려하지 않는 것이다).

이탈리아에서도 코로나19가 기승을 부리지만 평범한 사람들의 목숨은 뒷전이다. 〈텔레그래프〉는 이탈리아 토리노의 한 소식통을 인용해, 지방정부 위기 대응팀이 코로나19에 감염된 노년층의 치료를 포기하라는 지침을 내렸다고 폭로했다. 70세 이상 사망자가 전체의

91퍼센트(3월 15일 현재)에 이르고, 노년층 인구 비율이 세계 2위(23퍼센트)인 이탈리아에서 이는 수많은 사람들의 목숨을 내팽개치겠다는 말과 다름없다.

반면 유럽에서 이탈리아 다음으로 확진자가 많은 스페인은 코로나19 대응을 위해 민간 의료시설을 동원하겠다고 발표했다. 그 구체적 방식에 대해서는 분명히 하지 않았지만, 감염병 대유행 같은 국가비상사태 상황에서는 지방자치단체가 민간 의료시설을 임시로 이용할 수 있다는 현행법을 3월 14일에 재확인한 것이다. 다른 많은 나라에서도 즉각 이런 조처들이 이뤄져야 한다.

한편, 미국 대통령 도널드 트럼프는 대국민 담화에서 코로나19 대응 비용으로 연방정부 예산 830만 달러(한화로 약 100억 원)를 투자하겠다고 말했다. 그러나 이는 미국산 최첨단 스텔스 전투기 F-35A 1대 가격의 10분의 1 꼴이고, 미국 연방정부 전체 예산의 0.00017퍼센트에 지나지 않는다.

이조차 제대로 쓰이지 않을 듯하다. 3월 16일 트럼프는 중증 코로나19 환자 치료에 필수적인 인공호흡기를 주정부더러 "자체 조달"하라고 말했다. 의료용 마스크에 대해서도 마찬가지다. 미국 보건복지부에 따르면 미국의 마스크 확보 수량이 전체 필요량의 1퍼센트 정도인데도, 트럼프 정부는 이를 확보할 대책이 없다.

백신 공급에 관해서도 '알아서 해결' 방침은 다르지 않다. 미국 제약기업 길리어드는 잠재적 코로나19 치료 물질로 알려진 '렘데시비르'(효능은 입증되지 않았다)를 보유하고 있다. 이 기업은 치료약을 개발하면 한화로 약 15만 원에 판매할 것이라고 밝혔는데, 민주당 예비경선 후보 버니 샌더스는 백신을 무상 공급해야 한다고 주장했다가 친기업 언론들의 뭇매를 맞았다.

이들에게 중요한 것은 평범한 사람들의 치료와 안전 보장이 아니라 길리어드의 주가가 10퍼센트포인트나 올랐다는 점일 것이다.

권력자들은 코로나19 대처에는 젬병이지만 대중의 반발을 억누르는 데는 열심이다. 3월 13일에 프랑스 마크롱 정부는 코로나19 확산을 이유로 100인 이상이 참가하는 집회를 모두 금지했다. 14일로 예정됐던 경찰 폭력 규탄 노란 조끼 시위를 금지하기 위해서였다(마크롱 정부는 그럼에도 거리로 나선 시위대를 최루탄을 동원해 폭력 진압했다). 마크롱 정부는 연금 개악을 강행하려다 몇 달째 대중 저항에 부딪히고 있다.

바로 다음 날인 3월 15일 지방선거 1차 투표(투표율은 역대 최저치를 기록했다)에서 여당 '전진하는 공화국당'이 참패한 후, 마크롱 정부는 코로나19 위기를 핑계로 2차 투표를 무기한 연기해 버렸다.

이주민·난민도 코로나19를 빌미 삼은 인종차별적 공격에 노출돼 있다. 코로나19가 유럽에 대거 퍼지기 전부터 유럽 지배자들과 극우파는 코로나19를 빌미로 이주민 단속을 강화하고 아시아인들에게 가혹한 공격을 퍼부었다. 이탈리아는 "중국인들이 쥐를 먹어서 코로나19가 생겼다"면서 중국발 여행자들의 입국을 전면 금지했고, 극우파 깡패들은 유럽 곳곳의 거리에서 이주민을 폭행했다.

유럽연합은 세계보건기구의 팬데믹 선언을 공격 강화의 기회로 삼았다. 3월 17일 유럽연합은 "필수적이지 않은" 모든 외국인의 입국을 30일간 금지하고 이주민 단속을 강화하겠다고 선포했다. 그리스 정부도 난민 공격에 열심이다. 그리스는 전쟁을 피해 모여든 난민 수만 명을 터키와의 접경에서 차단해 왔다. 최근 그리스 경찰은 "난민들이 코로나19를 그리스로 유입시킨다"며 난민들에게 실탄을 발포했고, 파시스트 정당 황금새벽당 깡패들은 그리스 내 난민과 유색인종에게 집단 폭력을 휘둘렀다. 이런 공격 때문에 난민 약 2만 명이 그리스-터키 접경 인근 레스보스섬에 발이 묶인 채 비위생적이고 열악한 수용 시설에서 집단감염 위험에 노출돼 있다.

지배자들의 냉혹한 조처에 맞서 저항도 벌어지고 있다. 3월 10일 이탈리아 자동차 기업 피아트의 노동자들이 유급휴가 보장, 공장 가동 전면 중단을 요구하며 파업했다.

뒤이어 3월 15일에 프랑스 자동차 기업 푸조시트로엥그룹PSA의 노조가 프랑스뿐 아니라 코로나19가 유행 중인 모든 나라에서 공장 가동을 중단하고, 정규직뿐 아니라 임시직·비정규직 노동자들에게도 모두 유급휴가를 보장해야 한다고 요구했다. 영국 엘즈미어포트와 루턴에 있는 PSA 노동자들도 사측이 유럽 전체에서 공장 가동을 중단하지 않으면 파업하겠다고 밝혔다. "전염을 막기 위해 카페·음식점·극장·공공시설은 폐쇄하면서 수많은 노동자들이 공장에서 부대끼며 자동차 만드는 것은 괜찮다고? 말이 되지 않는다!" 결국 사측은 3월 17일부터 2주 동안 유럽 전역에서 공장 가동을 중단하기로 했다.

영국 노동자들도 행동에 나섰다. 영국 최대 우편 기업 로열메일 소속 집배 노동자들은 손 세정제와 마스크 등 안전 장비 미비를 규탄하며 살쾡이(비공인) 파업에 나섰다. 런던대학교 동양·아프리카학대학SOAS 교직원 노동자들도 최근 캠퍼스에서 확진자가 발생하자 캠퍼스 전면 폐쇄를 요구했다. 영국 존슨 정부는 광범한 반발에 밀려 3월 18일에 감염 방치 기조에서 한발 물러서야 했다.

그리스에서도 정부와 극우파의 공세에 맞설 행동이 준비되고 있다. 연대체 '인종차별·파시즘 반대 행동KEERFA'은 코로나19를 빌미로 한 정부의 집회 금지령을 거슬러 3월 21일에 대규모 인종차별 반대 행동을 벌일 예정이다.

유럽 곳곳에서 노동자·좌파들은 모든 노동자 유급 휴직 보장, 검사·치료 국가 보장, 자가 격리자 지원 강화, 집세·가계대출 지원, 인종차별 반대 등을 요구하고 있다. 건강보다 이윤을 우선하는 권력층에 기대하는 것이 아니라, 노동자들의 이런 투쟁이 확산되는 것이야말로 평범한 사람들을 코로나19의 위험에서 지키는 길이다.

출처: 김준효, 〈노동자 연대〉 315호(2020-03-18).

코로나19, 자본주의 중국의 민낯을 보여 주다

코로나19의 여파가 2002년 말에 발생한 사스를 넘어설 조짐을 보이고 있다. 2020년 1월 29일 현재 코로나19 확진자 규모가 전 세계적으로 6062명이고 사망자 수는 132명이다.

중국만 보면, 코로나19 확진자 수(5974명)는 사스 확진자 수(5327명)를 이미 넘어섰다. 검사를 받고 판정 결과를 기다리는 의심 환자가 9239명이고 확진자 가운데 1239명은 중증이다. 확진 환자와 접촉해 관찰 대상인 사람이 6만 명이나 된다.

현재로서는 코로나19 확진자가 주로 중국에 집중돼 있고 사망자도 중국 본토에 한정돼 있다. 그러나 전 세계로 확산되면 정말 전염병의 대창궐이 도래할 수도 있다.

2002년 사스가 확산될 때 유명해진 호흡기 질병 전문가 중난산은 1월 28일 화요일에 코로나19에 의한 질병이 7~10일 뒤에야 절정에 이를 것으로 예상하면서 그 뒤에는 확진자가 대규모로 발생하지 않을 것이라고 예상했다. 하지만 사태는 더 심각한 모습이다. 코로나19는 한 달 보름 만에 중국에서 확진자 6000여 명이 발생할 정도로 확산 속도가 빠르다. 더욱이 중국에서 코로나19의 확산이 초입 단계

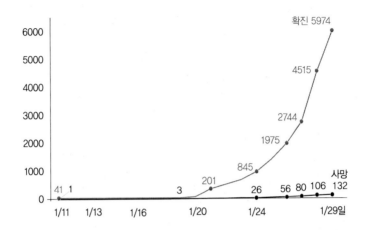

코로나19 확진·사망 추이 중국 내 공식 집계 추이(누적), 0시 기준

이고 베이징이나 상하이 등 대도시의 질병 확산 가능성을 고려하면 앞으로 확진자가 대폭 늘어날 수 있다.

사람 사이의 접촉으로 전파되는 게 확실한 데다, 감염자에게 증상이 나타나기 전인 잠복기에도 주변에 바이러스를 전파할 가능성이 있어 보이기 때문이다. 모든 사람을 대상으로 바이러스 검사를 하지 않는 한 이런 사람들은 검역에서 제외된 전파원이 될 수 있다. 지금까지 보고된 바로는 잠복기는 평균 4~5일, 최대 14일까지 된다.

영국 임페리얼칼리지 의학부 공중보건대학원의 닐 퍼거슨 교수 연구팀은 "2월 4일쯤 우한 한 곳에서만 19만 명의 감염자가 예상된다"고 지적했다. 또 홍콩대 전염병역학통제센터 가브리엘 렁 교수는 코로나19가 오는 4~5월에 절정에 이를 것으로 예측했다.

코로나19는 중국 우한의 화난 수산도매시장에서 발생한 것으로 예상되지만 아직 확실한 것은 없다. 코로나19의 발원지와 중간 매개

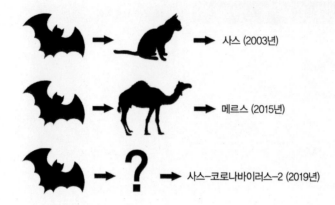

사스 (2003년)

메르스 (2015년)

사스-코로나바이러스-2 (2019년)

체에 대한 조사 연구는 여전히 지지부진하고, 박쥐·밍크·뱀 등 다양한 동물들이 거론됐지만 아직 정확하게 밝혀진 것은 없다.*

2019년 12월 중순 코로나19가 처음 발생한 뒤 지금까지 50여 일 동안 중국 당국이 보인 모습은 안이함과 뒤늦음 그 자체였다. 그 때문에 중국 당국은 사스 사태로부터 제대로 배우지 못했다는 지적이 나온다. 사스는 2002년 11월 중국에서 발생해 전 세계로 확산되면

---

* 박쥐는 최근 발병한 코로나19의 진원지로 알려져 있다. 유전자 구조를 조사해 본 결과 사스와 메르스는 박쥐가 보유하고 있던 바이러스가 각각 사향고양이와 낙타를 거쳐 사람에게 감염된 것으로 추정된다. 코로나19의 경우 비슷한 바이러스가 제3의 숙주를 거쳐 사람에게 감염된 것으로 보인다. 과학자들은 박쥐가 애당초 많은 바이러스에 감염된 채 살아간다고 설명한다. 독특한 면역 체계 덕분에 이런 바이러스들과 공존할 수 있다는 것이다. 그런데 서식지가 파괴되고 환경이 변하면서 가축들과 접촉할 기회가 늘어났다. 많은 바이러스성 질병이 그렇듯이 가축을 거친 박쥐 유래 바이러스는 사람에게 감염되기 쉬운 상태로 변이를 일으킨다. 그러나 진정으로 큰 문제가 시작되는 것은 사람 간 감염이 일어나기 시작할 때다. 이때부터는 박쥐 탓도 낙타 탓도 할 수 없다. 사회가 감염병을 어떻게 대비하고 있는지가 관건이다.

서 8096명이 감염됐고 774명이 죽었다. 당시 중국 정부는 발병 사실을 은폐하는 데 더 급급했고, 그렇게 5개월을 허비한 결과 초기 대응 타이밍을 완전히 놓쳤다.

중국 당국의 안이한 대응은 이번에도 여실히 드러났다. 초기에 중국 당국은 사망자가 발생하지 않았다는 데 초점을 맞추며 확진자 수를 축소 보도했다. 2020년 1월 19일 영국의 한 대학 연구소는 폐렴의 확산 속도를 고려했을 때 확진자가 1700명을 넘을 것으로 추정했지만, 당시 중국 정부의 확진자 수는 198명이었다. 코로나19에 의한 폐렴 발병 초기에 사람 간 전염 가능성을 낮게 본 것이다. 이 때문에 우한을 통제해 전염 확산을 막을 시기를 놓쳤다. 그 뒤에도 중국 당국은 SNS에 관련 글을 올린 중국인들을 "괴담" 유포 혐의로 심문하고 언론 보도를 통제하는 등 자신의 치부를 숨기기에 더 급급했다.

중국 당국은 뒤늦게야 세계보건기구와 정보를 공유하고 폐렴 확산을 막기 위한 노력을 기울이고 있다. 하지만 중국 최대 명절인 춘절 연휴 기간 동안 사람들이 대규모로 이동해서 감염 환자가 중국 전역에서 급속히 증가했을 가능성이 크다. 이번 코로나19의 독성이 2002년 말의 사스 때보다 강하지 않다고는 하지만 감염자가 크게 증가하면 사망자도 그에 따라 늘어날 것이다.

2002~2003년에 창궐한 사스를 계기로 중국의 공중 위생과 전염병 예방, 통제 수준이 개선되기는 했다. 그러나 치명적 전염병에 대처하는 데서는 여전히 부실하다. 2003년 이후 중국 경제 규모가 8배나 성장해 세계 2위로 올라선 것을 감안하면 정말 어처구니없다. 그 대단한 경제성장이 평범한 사람들보다 소수 지배자들을 위한 것

임을 새삼 확인시킨다.

중국에서는 흑사병으로 사람이 숨진 사례도 2014년 이래 여섯 건이나 있었다. 그럼에도 중국 보건 당국은 쉬쉬하다 나중에서야 흑사병 발병 사례를, 그것도 축소 보도했다. 흑사병은 14세기 유럽 인구의 3분의 1가량을 죽게 만든 공포스러운 전염병이지만 기본적인 영양과 위생 상태, 항생제, 보건 체계만으로도 통제할 수 있어 많은 이들이 정복했다고 여긴 병이다.

보건·의학 전문가들은 전파 속도가 흑사병보다 치명적인 에볼라 바이러스 같은 전염병이 중국에서 확산된다면 그 파급효과는 상상하기 힘들 정도일 것이라고 예상한다. 에든버러대학교의 마크 울하우스 교수는 인구 규모나 밀집도 등으로 봤을 때 중국 같은 곳에서 심각한 전염병이 확산되는 게 전혀 이상하지 않다고 지적했다.

코로나19 때문에 애먼 박쥐·밍크·뱀 등이 비난의 대상이 되고 있지만 정작 비난을 받아야 할 것은 식재료에 대한 규제 완화, 위생·보건 시설 미비, 유전자조작 농산물, 부적절한 사료를 통한 육류 생산 등이다. 조류인플루엔자가 돼지에서 비롯한 것을 보면 코로나19는 특정 야생동물을 한두 차례 먹는 데서 바로 생겨난 게 아니라 이윤 추구를 우선시하는 농업 기업들과 그런 사회적 요인들이 합쳐진 결과로 봐야 한다.

우한에서 발생한 코로나19의 확산 우려 때문에 세계 각국에서 중국인에 대한 편견에 기초한 말과 행동이 여기저기서 나오고 있다. 한국에서는 중국인 입국 금지 청원이 50만 명을 넘어섰다. 중국이 세계 2위의 경제 대국이기에 한국에서는 이런 주장이 중국인들에 대한 인종차별은 아닐지라도 편견이나 비하 발언인 것은 분명하다.

중국인들에 대한 이런 비하나 편견은 서방 국가들에서 아시아인이나 유색인에 대한 인종차별을 부추길 수 있고 또 극우파의 주장을 강화할 수 있다. 일본에서는 중국인이 상점에 들어오는 것을 금지하는 일도 벌어졌다. "더러운" 중국인들이 코로나19를 전염시킨다는 편견 때문이다. 이런 편견은 이미 오래전부터 있었다. 1854년에 미국의 〈뉴욕 데일리 트리뷴〉은 중국인들이 "상상할 수조차 없을 정도로 미개하고 불결하며 더럽다"고 지적하는 기사를 내보냈다.

그러나 문제는 중국 사람들이 아니라 건강보다 이윤을 우선하는 중국 자본주의 체제다. 메르스 사태 등을 통해 한국에서도 경험했듯 이윤 중시 체제의 문제는 중국만의 것도 아니다.

이번 코로나19 사태가 어떻게 전개될지는 두고 봐야겠지만, 현재로서는 중국 정부의 안이한 초동 대응, 비위생적 공공시설, 과밀한 주거 환경, 빈부 격차 확대 등 이 모든 것이 코로나19 확산에 최적의 조건으로 보인다.

중국 속담에 "백성은 먹을 것을 하늘로 삼는다民以食爲天"는 말이 있다. 하지만 중국에서는 멜라닌 분유 파동, 화학조미료로 만든 계란 등 이윤 추구를 최우선으로 여기는 기업들의 불법 행위들이 끊이지 않았다. 그러는 동안 중국 정부는 경제성장률을 끌어올리려고 기업주들에게 천문학적 돈을 쏟아부어 왔다(그럼에도 지난해 중국 경제는 29년 만에 가장 낮은 성장률을 기록했다). 그러나 대중의 공공 보건에 돈을 쓰는 데에는 인색한 자본주의 중국의 민낯을 이번 코로나19 사태에서 볼 수 있다.

출처: 이정구, 〈노동자 연대〉 312호(2020-01-30).

코로나19 대책 요구하며
투쟁하는 이탈리아 노동자들

노동계급 사람들에게는 [정부가] 코로나19에 제대로 대응하도록 압력을 넣을 방법이 필요하다. 그리고 이탈리아 노동자들이 그 방법을 힐끗 보여 주고 있다. 대중의 생명보다 이윤을 우선하는 정책에 맞서 노동자들이 파업에 나선 것이다.

이탈리아 정부는 여러 사업장을 폐쇄했다. 술집, 레스토랑, 미용실 같은 모든 "필수적이지 않은" 상점에 폐쇄를 명했다. 그러나 공장에는 폐쇄령을 내리지 않았다. 이 때문에 3월 10일, 포밀리아노다르코에 있는 피아트 자동차 공장 노동자들이 파업에 돌입했다. 이에 경영진은 해당 공장뿐 아니라 이탈리아 남부 도시 멜피·카시노·아테사에 있는 공장들도 일시 폐쇄하겠다고 발표했다.

그러자 이탈리아 남부 도시 테르몰리의 피아트 공장 노동자들도 12일에 파업에 나섰다. 그곳 노동조합은 이렇게 규탄했다. "대공장은 많은 사람이 모이는 곳이다. 통근 버스, 조립라인, 구내식당에서 사람들이 서로 부대끼게 된다. 어처구니없는 일이다. 정부는 학교부터 시작해 모든 것을 폐쇄하고 이동을 제한했다. 이를 어기면 벌금도 물린다. 그러나 공장은 폐쇄하지 않았다. 공장 조립라인은 계속 돌아가는데 '집에서 나오지 말라'는 말만 되풀이하고 노동자들과 그 가족을 모두 위험에 빠뜨리고 있다. 우리는 사측과 정부가 유급휴가를 보장하고 공장 가동을 전면 중단하기 위해 파업할 것이다." 이번에도 피아트 사측은 공장을 폐쇄해야 했다.

테르니의 제철소와 베네치아의 조선소에서도 파업이 벌어졌다. 제노바의 항만 노동자들도 작업장을 철저히 방역하라고 요구하며 파업에 나섰다.

이탈리아의 유명 의류 회사 코르넬리아니 노동자 약 450명이 살쾡이(비공인) 파업에 나섰다. 노동자들은 이렇게 주장했다. "안전에는 1부 리그와 2부 리그가 없다. 모두의 안전만이 있을 뿐이다." 노동조합은 이렇게 발표했다. "16일까지 출근을 거부할 것이다. 우리 부문에는 노동자의 보건·안전을 보장할 여건이 마련돼 있지 않기 때문이다. 우리는 뭔가 바뀌길 기다리고 있다. 단결해야만 이번 대유행과 공포를 이겨 낼 수 있을 것이다. 거듭 요구한다. 안전이 우선이다! 모두의 안전을 보장하라!"

12일, 이탈리아 북부 전역에서 금속 노동자들이 비공인 파업에 돌입했다. 이날 이탈리아 북서부 피에몬테주쌔의 도시 아스티, 베르첼리, 쿠네오에 있는 회사인 MTM, IKK, 디에르, 트리비움에서 일하는 많은 노동자들도 일손을 놓았다. 이탈리아 북부 롬바르디아주의 도시 브레시아에서도 파업이 벌어졌다.

이 때문에 이탈리아 금속 노동자를 대표하는 금속기계노동자연맹FIM, 금속노동자연맹FIOM, 금속노동조합UILM은 3월 22일까지 이탈리아 전국의 공장들을 폐쇄하라고 요구해야 했다. 이 노조들은 요구가 받아들여지지 않으면 "필요한 만큼 오랫동안" 파업을 지속할 것이라고 경고하며, 노동자들이 "매우 당연하게도 두려움에 떨고 있다"고 덧붙였다.

상업호텔서비스노동조합FILCAMS은 롬바르디아주의 매장 노동자들을 위한 특별 조처를 따냈다. 자라, H&M, 까르푸 등의 노동자들은 휴직을 하거나 근무시간을 조정해 학교가 폐쇄된 동안 자녀를 돌볼 수 있게 됐다. 매장을 소독하고, 업무 시간 중 손 소독을 허용하며, 원하는 노동자들에게 장갑과 마스크를 지급하겠다는 약속을 사측에게서 받아 내기도 했다. 매장 강제 폐쇄 시 유급휴가를 검토한다는 약속도 받아 냈다.

밀라노의 자라 매장에서 일하는 클라우디아는 이렇게 말했다. "노조 덕에 딸을 돌볼 수 있게 됐어요. 학교 폐쇄 기간에 근무시간을 조정하고 휴직을 할 수 있게 됐습니다."

밀라노가 속한 롬바르디아주, 베네치아가 있는 베네토주는 코로나19 감염의 중심지이며 확진자가 대거 발생했다.

밀라노 부근 베르가모의 중환자실 내과의 다니엘레 마치니가 SNS에 쓴 글이 널리 공유되고 있다. 힘이 부쳐 허덕이는 의료 체계에서 바이러스가 급속하게 퍼지면 무슨 일이 일어나는지 잘 보여 주는 글이다. 이탈리아의 병상 수는 인구 1000명 당 3.15개다. 참고로 영국은 2.54개다.

우리가 처한 현실에서 멀리 떨어져 있는 사람들에게 코로나19가 대유행하는 오늘날 베르가모의 실상을 알려 주고자 한다. 공포를 부추기지 말아야 한다는 것은 알지만, 현 상황이 위험하다는 메시지가 사람들에게 전해지지 않는 것이야말로 몸서리쳐지는 일이다.

말 그대로 전쟁이 터졌고, 전투가 끊임없이 이어진다. 날마다 환자가 곱절로 늘어난다. 하루에 15~20명이 똑같은 증세로 응급실에 실려 온다. 검사 키트 면봉에서 결과가 잇달아 나온다. 양성, 양성, 양성. 순식간에 응급실이 무너지고 만다.

의료진은 아예 병원에서 산다. 외과 수술이 취소되고, 수술실을 처치실로 쓰고 있다. 이곳에서 인공호흡기는 금덩이만큼 귀하다. 끝이 보이지 않는 격무로 탈진이 엄습한다. 의료진은 인간 지구력의 한계를 넘어서야 하는 상황에 내몰려 있다. 의료진은 자신이 돌보는 환자 일부가 몇 시간 후 맞이할 운명을 알기에 절망에 찬 시선을 보내고 있다.

원문: Simon Basketter, "Italian workers fight to shape response to coronavirus", *Socialist Worker* 2696(13 Mar 2020).

4장
과연 문재인 정부가
코로나19 대응을
잘했나?

문재인 정부가 코로나19 대응의 모범 사례인가?

코로나19 팬데믹 상황에서 세계 지배자들이 보여 주고 있는 혼란 덕분에 문재인 정부의 코로나19 대처가 해외 언론의 주목을 끌고 있다. 국내 친정부 언론들은 이런 보도를 열심히 인용하며 정부 칭찬에 입이 마르는 줄 모른다. 한 달 앞으로 다가온 총선 때문에 더욱 열성인 듯하다.

문재인 대통령은 낙관은 금물이라면서도 "안정되면 모범 사례로 평가받을 것"이라며 다시금 기대감을 드러냈다. 〈한겨레〉는 정세균 국무총리와의 인터뷰를 보도하며 "안정화 과정"이라는 제목을 달기도 했다.

그러나 여전히 매일 70~90여 명씩 확진자가 늘어나는 현재 상황을 안정화 과정이라고 평가하는 것은 섣부르다. 일부 역학자들의 지적대로 3월 초 대구·경북 지역에서 수백 명씩 환자가 늘어나던 상황을 제외하고 보면 확진자 증가 속도도 줄었다고 하기 어렵다.

신천지 교회 신자들을 대거 검사한 덕분에 확산을 일부 막는 효과를 낸 것은 것은 사실이지만, 중국 정부와 달리 시민의 자유를 침해하지 않았다거나 민주주의 체제에서 유용한 방식이라는 평가는

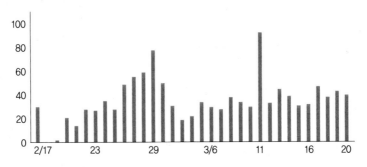

일일 신규 확진자 현황 (단위: 명, 확진(보고)일 기준), 대구·경북 제외

확진자가 감소한다는 생각은 대구·경북 지역의 확진자 폭증에 뒤이은 착시 효과일 뿐이다. ⓒ 질병관리본부

낮 뜨거운 일이다. 최근 검찰은 신천지 교회의 컴퓨터를 압수 수색한 결과 교회 측이 정부에 제출한 명단과 자체 보유 명단 사이에 의미 있는 차이를 발견하지 못했다고 발표했다.

콜센터 등 직장과 일부 교회, 요양 시설 등을 중심으로 수십 명씩 결코 소규모라고 할 수 없는 확산도 이어지고 있다. 치사율이 상대적으로 낮은 것도 신천지 교회 신자들에 대한 대대적 검사로 20대 확진자가 크게 늘어난 것과 연관이 있다. 전체 사망자 중 17명은 집에서, 혹은 병원에 가는 길에서 사망했다.

그토록 자랑하는 검사 수를 채우기 위해 수많은 의료진과 검사실 노동자들이 '갈아 넣어'졌다. 간호사들은 이마와 콧잔등에 상처가 날 정도로 고글과 마스크를 갈아 껴야 했다. 문재인 정부 3년이 지나도록 단 하나의 공공병원도 세워지지 않았고 의료 인력 충원도 말뿐이었기 때문이다. 그런데 정부는 이들에게 보호 장비도 충분히 지급하지 않고, 마스크를 쌓아 두려 한다는 비난이나 해 댔다.

공공병원이 극도로 부족한 상황에서 코로나19 확진자들을 격리하려다 보니 지방 의료원에서는 갈 곳 없는 환자들이 하루아침에 쫓겨나기도 했다. 공공병원밖에 이용할 수 없는 가난한 환자들은 갈 병원이 없어져, 정부가 민간병원을 보호하려고 환자들을 외면한다는 비판도 제기되고 있다. 코로나19 음성 판정을 받은 17세 청소년이 입원을 못 하다가 사망하는 일도 벌어졌다. 이 청소년은 코로나19에 걸렸는데 그동안 음성 판정을 받았을 가능성도 배제할 수 없어 보인다.

요컨대, 한국은 가까스로 더 큰 확산을 모면하고 있는 상황이라고 보는 게 맞다. 의료 인력과 기반 시설 등을 고려하면 여전히 외줄 위를 걷고 있는 셈이다. 백신이 없는 상황에서 인구의 0.01퍼센트 남짓만이 면역력을 얻은 상황이다(그조차 확실치 않다). 그래서 감염병 역학자들은 이제 초입이라고 말한다. 따라서 지금 필요한 것은 선거용 자화자찬이 아니라 한 달 넘도록 실업 상태에 놓여 있는 노동자들의 생계를 보장하고, 감염병 확산을 막기 위한 확실한 조처들을 취하는 것이다.

정부는 대규모 집회는 금지하면서 그만큼이나 많은 노동자들이 밀집해 일하는 공장은 가동되도록 내버려 두고 있다. 필수 공공 부문을 제외한 민간 기업들의 일시 휴업, 민주노총이 요구한 재난생계소득 지급 등이야말로 감염 확산을 막는 효과적 대책이 될 수 있을 것이다. 물론 문재인 정부는 그럴 생각이 없어 보인다. 노동자들이 이를 강제해야 한다.

출처: 장호종, 〈노동자 연대〉 315호(2020-03-18).

정부의 시장 논리가
코로나19 국내 확산을 가속했다

[2월 26일 현재] 대구·경북 지역을 중심으로 코로나19 확진자가 계속 늘고 있다. 이 추세라면 한국은 중국 후베이성을 제외하고 확진자와 사망자가 세계에서 가장 많은 지역으로 기록될 듯하다. 베이징(400명)과 상하이(336명) 등 대도시는 물론이고 후베이성 다음으로 확진자가 많은 광둥성(1347명)과 저장성(1205명)보다도 확진자가 많아질 전망이다. 사망자도 후베이성(2615명)과 허난성(19명) 다음으로 많다.

중국의 확산세가 다소 주춤거리는 것은 시진핑 정부의 매우 강경한 도시 봉쇄·격리 조처 때문으로 보인다. 한 보도를 보면, 1월 중국의 온실가스 배출량이 전년 같은 기간에 비해 25퍼센트나 줄었다. 산업은 물론이고 일상생활 자체가 마비된 곳이 많았던 것으로 보인다. 물론 이런 조처를 지지할 수는 없다. 시진핑 정부가 사실상 가둔 우한 주민들은 극도의 공포 속에서 두 달 가까이 지내고 있다.

한국에서 확진자가 크게 늘어난 데는 특정 지역에서 열린 신천지 교회의 행사가 큰 영향을 준 듯하다. 이 행사는 전국에서 매일 벌어지는 수많은 단체 행사 중 하나였다는 점에서 이번 사건은 전국 어디에서나 벌어질 수 있는 일이었다고 봐야 한다.

이 교회 행사를 다녀온 사람들에게 코로나19가 처음 확산되기 시작한 시점은 1월 말에서 2월 초였다. 당시에는 우한에 다녀온 사람들을 제외하고는 확진자가 거의 없었다. 정부 자신도 이 점을 강조했다. 1월 30일부터 2~3차 감염자가 생겼지만 정부는 방역망 바깥에서 감염이 확산될 가능성은 낮다고 발표했다. "선제적 대응"을 말했지만 여전히 사태를 추수하는 태도였다. 중국 상황을 보며 코로나19 전파가 경제에 끼칠 영향을 걱정하느라 그랬을 것이다. 중국산 자동차 부품 부족으로 국내 생산에 차질이 빚어지고 있었다.

게다가 2월 중순에 접어들면서는 정부 자신이 경계를 완화했다. 경제부총리가 나서서 경제활동을 활발히 하라고 조언했다. 문재인 자신은 재벌 총수들을 만나 투자를 독려하며 상황이 악화하지 않을 것이라는 인상을 주려 애썼다. 중국에서 코로나19의 무증상 감염·전파 사례가 적잖이 보고되고 있었지만 이전 경험들만을 토대로 그럴 가능성은 낮다고 발표했다.

따라서 대구에서 시작된 코로나19 전파는 가톨릭교회, 조계종 사찰 등 밀접 접촉이 많은 종교 시설은 물론이고 출퇴근 지하철이나 극장 등 어디서나 시작될 수 있었다. 감염 가능성이 큰 사람들을 격리하는 조처는 필요하다. 그러나 더 큰 책임이 있는 문재인 정부가 이제 와서 신천지 교회 탓을 하는 것은 세월호 참사 당시 박근혜의 구원파 속죄양 삼기를 연상케 한다.

코로나19 폐렴 환자를 치료한 중국 의사들이 전하는 바에 따르면, 초기에는 증상이 경미해도 일단 폐렴이 시작되면 급속히 악화하는 특징이 있다. 손쓸 시간도 없이 죽음에 이른다는 것이다. 후베이성 사망자들은 대부분 초기에 아무런 조처를 받지 못한 사람들이었던 듯하다. 그런데 환자 수가 급격히 늘자 기존의 의료 인력·시설이 부족해졌고, 감염 초기인 경증 환자들이 뒷전으로 밀리다가 중증으로 진행되는 악순환이 반복됐을 것이다. 특히, 사망자 대부분을 차지한 후베이성 주민들의 경우, 병실이 없어 집에 방치된 채 죽어 간 사람이 부지기수라고 한다. 시진핑 정부가 국제적 망신을 무릅쓰고 체육관과 전시장에 야전병원을 설치한 이유다.

중국 정부는 한국과 일본에서 확진자가 늘어나는 조짐이 보이자 몇 가지 정보를 전했는데, 코로나19의 특징 때문에 자가 격리는 하지 말라는 말도 덧붙였다. 감염 가능성이 큰 사람들을 집에 머무르게 하는 것은 말도 안 되는 짓이다. 누군가 그의 24시간을 돌봐 주지 않는 한은 말이다. 동거인이 있다면 방과 화장실도 각각 두 개 이상 있어야 한다. 숙련된 의료진도 환자와 접촉을 피하는 기법을 거듭 훈련하지 않으면 실수하기 쉽다는 점을 고려하면, 자가 '격리'는 사실상 확률 낮은 도박에 가깝다. 많은 사람들이 이를 불안해했지만 오로지 이들을 격리할 음압병실이 없다는 비극적 사실만이 자가 격리를 용인하게 만든 이유였다.

진정한 문제는 대구 지역 확진자가 급증하면서 음압병실이 부족해 집에서 대기하는 사람들이 늘고 있다는 사실이다. 의료 인력이 코로나 방역에 집중되면서 다른 의료 기능에 차질이 생길 가능성도 제기되고 있다. 응급실이 줄줄이 폐쇄되고 응급의료 인력이 격리되면서 긴장감도 높아지고 있다. 환자가 급증하면서 우한에서 벌어진 일이 대구에서도 재연되고 있는 셈이다.

이 터무니없는 상황의 한쪽 끝에는 청도대남병원이, 다른 한쪽 끝에는 매일 접촉자 수백 명을 찾아내고 하루 수천 건씩 유전자 검사를 해내는 엄청난 기술력이 있다. 청도대남병원 5층은 정신 병동이다. 이 병동에 입원한 환자 103명은 전원 확진 판정을 받았다. 2월 26일 현재 전체 사망자 12명 중 7명이 이 병원에서 나왔다. 자세한 구조는 알 수 없지만 이런 시설들의 경우 수십 명이 한 병실을 사용하는 경우도 적지 않다. 사실상 치료보다는 수용(보호) 목적이 큰 병원인 듯하다.

놀랍게도 이들은 바로 그 병동에 아직도 함께 수용돼 있다. 이른바 '코호트(집단) 격리'다. 첫 사망자를 포함해 수십 년 동안 외부와의 접촉이 차단된 채 입원해 있는 환자들은 면역력이 매우 낮은 데다, 의사소통이 원활하지 않은 경우도 많아, 가장 위험한 상황에 놓여 있다고 할 수 있다. 그런데 이들을 집중 치료 시설로 옮기지 않고 통째로 가둬 둔 이유는 뻔하다. 제대로 항의하지도 못하고, 대신 항의해 줄 사람도 없고, 돈이나 권력을 가진 지인도 없다는 게 이들을 이등 시민 취급하는 이유일 것이다.

한편, 현재 감염은 몇몇 거점을 중심으로 확산되고 있지만 중간 고리를 찾지는 못하고 있다. 예전 같으면 이 정도로 감염이 퍼지면 감염 경로를 파악하려는 시도를 포기하고, 방역망 바깥에서 감염이 확산되고 있다고 판단했을 상황이다. 따라서 방역망 바깥에도 감염자가 적지 않다고 가정한 조처들이 취해져야 한다. 사람들의 접촉이 많을 수밖에 없는 대중교통 이용을 최소화해야 하고 그러려면 부득이 공장과 사무실 등의 운영을 중단해야 한다. 시진핑이 춘절 휴가를 1주 이상 연장한 이유다. 문재인은 대구와 경북 지역에서라도 이렇게 할 수 있을까?

문재인 정부는 그러기보다는 여전히 감염자들의 전파 경로를 찾아내는 데 엄청난 노력을 기울이고 있다. 유전체 분석 기술과 GPS(위성위치추적장치) 등 감염자의 이동 경로를 알아내는 기술이 발전한 덕분에 아직까지는 아슬아슬하게 꼬리를 붙잡고 있다. 이를 근거로 감염 차단에 필요한 조처를 최소화하거나 미루고 있다.

예컨대, 개인 방역에 필수적인 마스크가 주기적으로 품귀 현상을 보이자 문재인 정부는 이제야 공급과 배포를 통제하기 시작했다. 하루 1100만 개를 생산할 능력이 있는데, 확진자들과 의료진, 취약 계층에 우선 보급하기 위해서다. 이런 조처는 진작 시행했어야 했다. 국가는 그럴 능력이 있다. 그런데 왜 이제야, 그것도 50퍼센트만 통제하겠다는 것일까? 학교도 쉬고, 학원도 쉬고, 어린이집도 쉬는데, 아이들은 누가 돌봐야 할까? 직장도 유급으로 휴가를 줘야 하지 않을까?

문재인 정부가 말과 달리 "선제적 대응"에 거듭 실패하는 이유는 이런 조처들이 시장 논리에 위배된다는 점 때문일 것이다. 만약 이런 조처들이 지금 가능하다면, 왜 공공의료를 강화하지 않는가? 왜 필수재들을 계속 시장에 맡겨 둬야 하는가? 총선을 앞두고 문재인 정부가 가장 피하고 싶은 질문들일 것이다.

출처: 장호종, 〈노동자 연대〉 315호(2020-02-26).

"국내 최고라던 삼성·아산 병원은 지금 어디에?"

지금 집단감염은 네 곳을 중심으로 진행되고 있는 것 같아요. 신천지와 그로 인해 파생된 청도대남병원, 온천교회, 이스라엘 성지순례자들이 그 네 곳인데요. 그중에서 신천지 교회는 규모가 너무 커서 전국적으로 영향을 끼치고 있죠.

그런데 가장 충격적인 곳은 청도대남병원이에요. 이런 정신과 병원이나 병동은 '입원 환자 1명당 하루 얼마' 하는 식으로 건강보험수가(일당정액제)를 지급받기 때문에 내부 시설이나 처우가 열악한 경우가 많아요. 돈을 적게 쓸수록 병원이 챙기는 돈이 많아지니까요. 그래서 사실상 수용 시설에 가까운 경우가 많죠. 이번에 보면 [정신 병동] 안에서는 전원 감염됐고 [2월 26일 현재] 7명이나 죽었는데,**

---

* 우석균 인의협 공동대표의 인터뷰 글에서 ' — 지은이'로 표기한 설명은 인터뷰 이후의 상황을 반영한 내용으로 우석균 공동대표가 직접 추가한 것이다.

** 정신과 병동에서 환자 102명 중 102명 전원이 감염됐다. 대구·경북 지역 초기 사망자 10명 중 7명이 청도대남병원에서 발생했다 — 지은이.

그 병동 바로 아래 요양 병원이나 일반 병원에서는 확진자가 1명도 없었잖아요. 평소에 외부와 격리돼 있다는 얘기예요. 외출이나 입퇴원이 극도로 적다는 얘기죠. 불가피한 경우가 아니면 [환자들이] 지역 사회에서 좀 더 여유 있는 환경에서 지낼 수 있어야 하는데, 비용을 최소화하려다 보니 벌어지는 일이죠. 이 나라의 공공의료가 얼마나 부족한지 보여 주는 한 단면이에요. 심지어 이 환자들은 아직도 1인실로 옮기지 못한 것으로 알고 있어요.*

다른 한편 삼성병원 같은 민간 대형 병원도 병원 운영비의 80퍼센트 이상은 건강보험과 건강보험 본인부담금에서 지급돼요. 비급여 진료비는 20퍼센트가 안 돼요. 다른 말로 하면 국가가 병원 운영비를 거의 다 낸다는 것이고, 우리나라 민간 종합병원들의 재정은 사실 공적으로 운영되는 것이죠. 왜 이런 민간병원들을 동원하지 않는 거죠? 최고라던 삼성·아산 병원은 이번 코로나19 사태에서는 보이지도 않아요. 사실 재정을 조금만 더 투자하면 민간병원들을 국가가 사들이는 것도 얼마든지 가능해요.

공공병원이 너무 부족하다는 건 이제 누구나 알아요. 그 부족한 공공병원에 지금 엄청난 짐을 지우고 있어요. 국립중앙의료원, 서울 의료원을 비롯해 전국적으로 의료원 수십 곳이 지금 코로나19 환자를 받으려고 기존 환자를 내보내고 있어요. 그런데 워낙 공공병원이

---

* 처음에는 청도대남병원에서 중환자만 다른 병원으로 옮기고 그대로 환자들을 코호트 격리했다. [나머지] 환자들이 다른 병원으로 이송된 것은 장애인 단체들과 인의협이 항의 성명 발표와 행동을 한 후, 서울 국립정신병원과 부곡 국립정신병원 등에서 입원실을 비우고 나서였다. 마지막 환자가 이송된 것은 3월 5일로 첫 번째 환자 발생 후 16일 만이었다 — 지은이.

적다 보니 다른 병원으로 옮기기 힘든 환자도 많아요. 또 가장 가난한 환자를 대책 없이 내쫓는 경우도 많죠. 따라서 이 환자들에 대한 보호조치도 필요해요.

공공병원을 확충하고 공공의료 인력을 늘리는 등의 투자도 필요한데, 당장은 건강보험에 의존해 운영돼 온 대부분의 사립 병원들을 정부가 통제해야 해요. 서울에 민간 대학병원이 얼마나 많은데 왜 그 시설들을 이용하지 않는 걸까요? 우체국이나 농협 [나중에는 약국 — 지은이] 등이 정부의 마스크 배급망으로 사용되던데 왜 의료 체계는 재정은 정부가 대면서도 이렇게 하지 않을까요?

저는 지금 이 상황이 자본주의가 얼마나 불평등하고 불합리한지 잘 보여 준다고 생각해요. 사회적 부담은 공공병원에 다 떠넘기고 이익은 민간병원이 챙겨 가는, '이익의 사유화, 손실의 사회화'라는 자본주의 논리가 작동하는 거죠. 청도대남병원처럼 의료 공급이 너무 모자란 경우도, 생각해 보면 우리나라 의료 체계의 무정부적 불균형과 이윤 추구 논리가 노골적으로 드러나고 있는 거죠. 의료 체계를 통째로 바꿔야 해요. 근데 지금 문제인 정부는 공공병원이나 사립병원의 공적 통제에 대해서는 한마디도 안 하고 있어요.

최근 미국 국립보건원 산하 국립알레르기·전염병연구소가 민간 기업인 모더나와 합작해 백신 개발에 성공했[고 임상시험을 앞두고 있]다고 발표했어요. 보통 백신 개발에는 수년이 걸리는데, 이번에는 운이 좋으면 1년에서 1년 반가량 걸린다고 했는데요. 만일 매우 신속하게 개발에 성공한다면 1년으로 줄어들 수 있을 것 같아요. 유전체 분석 등 기술의 발달 덕분에 엄청 신속하게 만들어 냈죠. 이제 곧 1차 임상시험을 한다고 해요. 그런데 그동안 그랬듯이 이 백신은 미국 정부가 뒷받침해서 개발해 놓고 민간 기업에 그 특허권을 넘겨주게 될 거예요. 그 유명한 '바이·돌 법'에' 따른 것이죠. 성공한다면 올해 말이나 내년이 돼야 사용 가능할 것 같기는 한데 비싸게 팔 거란 얘기죠.**

[코로나19에 대한] 치료제는 사실 아직 잘 모르는 상황이에요. 다른 항바이러스 제제를 써서 효과가 있었다고 하는데 대부분 경험적 치료에 해당하는 얘기라 정말 효과가 있었는지는 체계적 연구가 필요할 거예요. 무엇보다 이 약들은 엄청 비싸요. 타미플루만 해도 특허가 풀렸는데도 여전히 비싸죠. 자본주의가 뭔지 이처럼 잘 보여 주는 사례도 없을 거예요.

그런데 이 와중에 산업통상자원부와 기획재정부는 의료기기 앱 규제를 완화하고, 유전체 검사 규제를 완화하는 조처를 추진했어요. 공공의료가 절박한 상황에 의료 민영화와 연관된 조처를 밀어붙이고 있는 거죠.

지금 대구 같은 지역에서는 '물리적 거리 두기'라는 방역 조처가 필요해요. 아마 정부가 '봉쇄'라고 말한 게 이런 조처를 말하려고 한

---

* 바이·돌 법 정부가 재정을 대서 만들어진 기술을 연구소, 대학, 민간 기업 등이 특허를 낼 수 있도록 허용해 주는 법이다. 연구의 상업화를 크게 부추기는 결과를 낳았다. 1980년 미국 상원의원 머치 바이와 밥 돌이 제안해서 만들어졌다.

** 모더나 백신은 2회 접종에 50~60달러(6만~7만 2000원), 화이자-바이오엔텍 백신은 2회 접종에 39달러(4만 7000원), 옥스퍼드-아스트라제네카 백신은 영국 정부가 지원하고 옥스퍼드대학이 이윤을 보지 않는다는 조건하에 개발돼 1만 원 미만으로 알려져 있다 — 지은이.

걸 거예요.' 쉽게 말하면 사람들이 떨어져 있게 해서 바이러스를 봉쇄(퍼지지 않게)하자는 건데요. 이런 조처가 가장 안 되는 곳이 생산 현장과 이동 수단(지하철) 등이에요.

[물리적 거리 두기의] 원칙은 사람들이 서로 팔을 벌렸을 때 닿지 않을 만한 거리를 확보하는 것이고, 그 간격이 2미터가량 돼요. 그런데 밀집된 공장이나 콜센터 등을 생각해 보면 어림없는 얘기죠. 따라서 이런 생산 현장은 한동안이라도 휴업이나 재택근무를 해야 해요. 그러면 콩나물 지하철도 어느 정도 해결되겠죠. 정말로 효과적으로 하려면 유급휴가를 줘야 하고요. 또 이번에 감염병 전문가들이 [노동자가] 감기에 걸리면 진단서 없이 쉬게 하라고 "권고"했는데, 회사가 돌아가고 월급도 안 주면 그 권고가 얼마나 효과를 내겠어요. 아이들이 학교에 못 가게 됐다면 부모들에게는 같은 기간에 유급 돌봄 휴가를 줘야 하고요.

대구 '코로나 봉쇄'나 '완화mitigation'를'' 고민했다면 2주간 휴무하고 조기 진단, 조기 치료해야 해요.''' 당연히 정부가 생계비를 지원해야

---

* 당시 민주당 정치인이 대구 봉쇄를 주장했다가 문제가 되자, [물리적 의미의 봉쇄(blockade)가 아니라] 역학적 의미의 봉쇄(containment)라고 해명했다 — 지은이.

** 봉쇄(containement)와 완화(mitigation)는 감염병 대응 방식을 일컫는다. 봉쇄는 도시를 폐쇄한다든가, 전염원(환자)이나 감염 위험이 있는 사람들을 추적·격리하는 방식이다. 완화는 지역사회 감염이 발생해 봉쇄 방식이 불가능할 때, 물리적 거리 두기를 통해 밀접도를 낮추고 경증 환자와 중증 환자를 분리해 전파 속도를 늦추는 방식이다. 이 두 방식은 엄밀히 구분되지는 않으며 병행되는 경우가 많다 — 지은이.

*** 중국이 그렇게 했고 추후 유럽과 미국 동부에서 그런 조치들이 시행됐다. 이른바 록다운이다 — 지은이.

하고요. 문재인 정부는 지금 기업 눈치 보기 때문에 이를 완전히 실행하지는 못 하는 것 같습니다.

출처: 장호종 인터뷰·정리, 〈노동자 연대〉 315호(2020-02-26).

"코로나19 재확산 대비하라. 의료 민영화 말고!"

Q. 문재인 정부가 거리 두기를 완화하고 '생활 방역'으로 전환한다고 합니다. 초·중·고등학교 개학 방침도 발표했습니다.

정부는 '고강도 거리 두기'를 종료했다고 말하는데요. 한국은 원래 저강도 거리 두기만 해 왔어요. 미국이나 유럽 나라들처럼 외출과 이동을 제한하는 조처까지는 취하지 않았죠. 교회 등 밀집 시설과 학교는 닫았지만요. 따라서 이 정도 거리 두기조차 하지 않겠다는 데는 정부 내부에서도 논란이 많을 정도예요.

질병관리본부의 생활 방역 지침 1~2번이 '아프면 출근하지 마라', '직장에서도 2미터 간격을 유지하라'예요. 둘 다 사실상 지키기 어렵다는 걸 질병관리본부도 알아요. 대형 교회 같은 곳은 지키는 게 가능할지도 몰라요. 하지만 소규모 교회 등에서는 지키지 못할 겁니다. 정부 자신이 질병관리본부의 지침을 어기는 조처를 취한 셈이죠. 상당히 위험하다고 봐요.

여전히 감염 고리가 밝혀지지 않는 확진자들이 소수지만 계속 생기고 있고요. 외국에서 돌아온 사람들을 제외한 국내 감염 확진자가 0명이 된 지 2~3일 됐는데요. 한 사람이 감염돼서 다른 사람에게 감염시키기까지 약 5일 정도 걸린다고 알려져 있습니다. 31번 확진자[대구 첫 확진자]가 사실은 4~5차 감염자였다는 것을 고려하면 어떤 사람이 코로나19에 감염되고도 발견되지 않은 채 20일 넘게 일상적으로 지내며 감염이 확산될 수 있다는 얘기입니다.

또, 수백 명이 확진돼 가동을 멈춘 미국 핵항공모함 같은 경우를 보면, 초기에 알려진 바로는 무증상 감염자가 80퍼센트나 됐습니다. 지금 확진자가 0명이라고 안심할 상황은 아니라는 얘기죠. 물론 한국 내 지역 감염이 정말로 사라졌다고 가정하면, 다른 나라들의 입·출국 봉쇄가 안 풀리고 있으니 외부 유입도 없어서 현 상태가 상당한 기간 동안 유지될 수도 있다고 봅니다.

그러나 싱가포르 같은 사례를 보면 개학 이후에 유치원과 외국인학교, 이주노동자 기숙사에서 감염이 재확산했습니다. 언제 어떻게 될지 모르는 상태에서 정부의 거리 두기 종료와 개학은 모험적 조처라고 할 수 있을 것 같습니다. 그래서 한림대 강남성심병원 감염내과 이재갑 교수는 "자칫 잘못하면 오늘(5월 3일)은 정치가 방역을 망친 날로 기록될 수 있다"고 비판하기도 했습니다.

이런 상황에서 초·중·고등학교 개학을 하려면 학교 시설과 인력에 커다란 변화가 필요합니다. 고학년 학생들의 경우에도* 간격을 충분히 유지하려면 교실 내 학생 수를 크게 줄여야 할 거예요. 학급당 학생 수를 줄이려면 교사도 늘려야 하죠. 초등학교나 중·고등학교에서 아이들이 거리 두기를 유지하게 하려면 추가 인력이 더 필요할

---

* 5월 20일부터 고3 학생들이 등교를 시작했다 — 지은이.

겁니다. 보건교사도 더 많이 필요합니다. 손 씻는 곳도 더 많이 늘어나야 할 거고요. 그런데 정부 발표에 이런 조처는 담겨 있지 않습니다. 전교조 등 노동조합들이 좀 더 적극적으로 나서야 하는 상황이라고 봅니다.

Q. 기획재정부가 거리 두기 종료를 앞두고 4월 29일 "코로나19 대응 및 경제활력 제고를 위한 10대 산업분야 규제혁신 방안"을 발표했는데요. 원격의료가 눈에 띕니다.

그야말로 '재난 자본주의'의 전형이라고 봅니다. 재난 자본주의라는 말은 [저명한 반자본주의 활동가이자 저술가인] 나오미 클라인이 《쇼크 독트린: 자본주의 재앙의 도래》에서 쓴 표현인데요. 사회적 위기나 재난이 도래했을 때, 자본가들이 이전에 추진하려 했던 신자유주의 정책을 대안인 것처럼 내세워 추진하는 것을 말합니다. 이번 정부 발표를 보면 확실히 그런 의도가 엿보입니다. 심지어 정부 내에서도 '이건 좀 너무한 것 아니냐' 하는 소리가 나오고 있어요.

홍남기 부총리가 문제라는 얘기도 있습니다. 그러나 부총리는 대통령이 얼마든지 해임할 수 있는 자리입니다. 게다가 이번 총선에서 180석을 확보한 민주당이 기재부 부총리만 탓하고 있는 것은 말도 안 되는 일입니다.

실제로는 문재인 정부가 홍남기를 내세워 한국 자본의 목소리를 대변하고 있다고 보는 게 객관적일 겁니다. 그런데 그게 너무 노골적이니까 정부 내에서도 다른 목소리가 나올 뿐이죠. 재난지원금 논란만 봐도 잘 알 수 있습니다. 홍남기가 반대한다며 시간을 끌었는데 그게 불가피한 일이었을까요? 정부 자신이 망설였다고 봐야겠죠.

이번에 정부가 발표한 조처는 '비대면 서비스'를 강화하겠다는 건데요. 하나씩 살펴보겠습니다.

먼저 원격의료는 박근혜 정부도 메르스 사태 이후 추진하려 한 바 있습니다. 감염병 상황에서 불가피한 측면도 있고 그 실현 가능성을 보여 주는 것 같기도 했으니까요. 그런데 당시 삼성병원은 메르스 대응을 망친 당사자였어요. 삼성이 추진하는 것으로 여겨질 수밖에 없는 원격의료를 밀어붙이기는 어려웠죠. 그걸 지금 문재인 정부가 계승하고 있는 겁니다.

물론 박근혜 때보다 그 대상이 줄기는 했어요. 박근혜 정부는 600만 명을 대상으로 원격의료를 시행하려 했는데요. 이번에 발표한 대상은 산간·도서 벽지, 원양어선, 독거노인, 교도소 등 100만 명가량 되는 것 같습니다.

그러나 원양어선은 지금도 이미 원격의료를 하고 있어요. 세종시에서 의사 4명이, 의사를 태울 수 없는 소형 원양어선에 대한 원격의료 서비스를 하고 있습니다. 그런데 그중 한 분께 들어 보니 지금 문제는 그런 선박들에 대한 규제가 너무 엉성해서 약품도 제대로 챙겨 가지 않는다는 겁니다. 전화로 뭘 지시해도 물리적으로 할 수가 없는 상황이라는 거예요. 이런 규제부터 제대로 강화해야 한다는 얘기입니다.

산간·도서 벽지의 경우를 보죠. 백령도에는 공중보건의 외과 의사가 1명 파견 나가 있는 것으로 알고 있어요. 이 분이 일이 생겨 육지에 나가면 백령도에는 맹장염(충수염)도 수술할 의사가 없습니다. 이런 곳에 원격의료로 뭘 해 줄 수 있을까요? 원격로봇수술을 할 수 있나요? 정말로 필요한 건 병원을 짓고 필수 인력을 배치하는 겁니다. 도서 지역에는 가까운 공공병원과 헬기의 대폭 확충이 필요한 거죠.

외과적 골든타임이라고 하는 30분 내에 병원에 도착할 수 없는 지역이 전국에 40곳이 넘어요. 이런 지역에 사는 사람들만 위험한 게 아닙니다. 강원도와 경북 지역들이 여기 포함되는데 이런 곳에서 여행객이 교통사고나 추락 사고가 나면 대책이 없다는 얘기니까요.

서귀포에는 분만실이 없죠. 분만이 별것 아닌 것처럼 보여도 1000건당 1건 비율로 사망자가 생기는 게 분만입니다. 이런 나라에서 무슨 원격의료를 대책이라고 내놓는지 이해할 수가 없습니다. 분만 시설이 아예 없는 기초지방자치단체도 2019년 기준으로 40곳입니다. 이곳에 사는 임산부들은 아예 임신 7개월 때부터는 대도시 부근으로 나와서 사는 분도 있다더군요.

군부대[에 원격의료가 필요하다는] 얘기도 합니다. 그런데 군대에서 환자가 생기면 병원에 보내야죠. 위급한 상황이라면 총기 사고 같은 걸 생각할 수 있는데요. 마찬가지로 원격의료로 뭘 해 줄 수 있는 게 아니에요. 의사가 배치돼야 하죠. 영동 지역에 있는 군부대의 경우 제일 가까운 외상센터가 영서, 즉 태백산맥 너머에 있어요. 그런데 이 산을 넘으려면 성능이 좋은 헬기가 필요합니다. 그걸 사 달라는 요청이 오래전부터 있었는데 아직도 제대로 갖춰져 있지 않은 것으로 알고 있습니다.

요컨대 산간·도서 벽지, 군부대 등에 필요한 건 원격의료가 아니라 공공병원과 인력, 헬기 등입니다.

교도소와 독거노인도 대상으로 언급됐는데요. 먼저 교도소에서는 아픈 환자들이 밖에 나가서 진료받을 수 있습니다. 유명한 재벌, 정치인들 다 그렇게 하잖아요. 또 왜 교도소에는 공중보건의를 배치하는 걸까요? 공중보건의는 의사가 부족한 농어촌 지역에 최소한의 의료 서비스를 제공하기 위해 만든 제도인데요. 정부가 돈을 들여 교도소에 인력을 배치해야 합니다. 독거노인은 당연히 방문 진료가 필요한 분들입니다. 컴퓨터만 달랑 쥐어 줘서 될 일이 아니에요. 돈이 있으면 차라리 방세를 내 주는 게 더 큰 도움이 될 겁니다.

정부가 언급한 해외 사례들은 대부분 의료인 사이의 협력 체계이거나 극단적 상황에 처한 사람들을 대상으로 하는 제도예요. 이런 건 당연히 필요하고 한국에서도 이미 할 수 있습니다. 코로나19 사태처럼 불가피한 상황에서는 제한적으로 경증 환자들에게 전화로 처방을 해 줄 수도 있고요.

그렇지만 인구의 다수를 대상으로 원격의료를 하는 곳은 없어요. 안전성과 효과가 입증되지 않았기 때문이죠.

이번에 대학병원에 다니는 고혈압·당뇨 환자 중 20~30퍼센트가 전화로 처방을 받았다는데요. 이 분들은 오히려 평소에 동네 병원에 다니도록 하는 게 맞습니다. 물론 동네 병원 진료가 만족스러워지도록 해야겠죠. 그래야 지금 같은 상황에서도, 대형 병원에 환자가 몰려 생길 감염 [확산]이나 의료 붕괴의 위험을 줄일 수 있습니다. 그런데 대학병원이 평소에 이런 경증 환자들까지 보도록 내버려 두고, 원격의료가 필요하다고 하는 건 문제를 이중으로 꼬이게 만드는 일입니다.

제가 보기에 원격의료는 의료 서비스에 자본 투자를 용이하게 하기 위한 것입니다. 의료와 교육은 노동의 세세한 과정을 통제하기가 어려운 것으로 알려져 있어요. 표준화하기가 어려워서 그렇죠. 예전에는 사무직 노동에도 그런 측면이 있었는데 컴퓨터의 도입으로 어느 정도 표준화가 가능해졌다고 해요. 원격의료는 이처럼 노동과정을 표준화하는 것을 도와 통제를 강화하는 데 도움이 된다고 여겨지는 것 같습니다. 그러면 의료 '산업'에 자본 투자를 유도하는 것도 좀 더 쉽겠죠.

이 원격의료가 왜 의료 민영화인지를 묻는 분들이 계시는데요. 첫째, 아직 그 안전성과 효과가 입증되지 않은 상태에서 매우 많은 사람에게 도입하려는 것 자체가 삼성이나 SK, LG 등 의료기기, 정보통신 재벌들에 대한 특혜이기 때문입니다. 둘째, 현재로서는 매우 비싼 의료 장비를 도입해야 하므로 대형 병원 중심으로 진행될 텐데 이는 대형 재벌 병원으로의 환자 쏠림 현상이 가속화될 수 있기 때문입니다. 셋째로는 개인의료정보를 온라인으로 소통해야 해서 개인의료정보가 정보통신업체 등에 고스란히 노출되는 의료정보의 상업화 문제 때문입니다. 원격의료를 위해 개인정보 규제도 완화하겠다고 하는 것 같습니다.

미국에서도 이번에 원격의료를 좀 더 광범하게 적용하는 과정에서 '건강보험 정보의 이전 및 그 책임에 관한 법률HIPPA'의 적용을 일시적으로 완화했다고 합니다. 온라인으로 진료하려면 정보가 서버를 거쳐야 하는데 그러면 사실상 개인의료정보가 공개되는 것이라 이런 조처가 불가피했다는 거죠. 영상통화를 할 뿐 아니라 진료 정보를 주고받으면 사실상 상당히 많은 정보가 서버를 거쳐야 하거든요. 국내 재벌들이 오래전부터 원하던 정보죠.

사실 이번에 비대면 서비스를 강조하기는 했는데 구체적 방침을 내놓지는 않았어요. 아마도 의사협회 등 의사들의 반대를 신경 쓰는 것 같습니다. 문재인 정부는 이미 강원도에서 원격의료를 하겠다며 의료 기관들에 신청을 받았는데요. 의사들의 반대로 사실상 네 군데 모두 취소된 바 있습니다. 이번에 당선한 더불어시민당 비례 후보 1번이 전 의사협회 대변인인데요. 이 점도 정부가 의사협회의 눈치를 상당히 본다는 것을 보여 주는 것 같습니다.*

Q. 이번에 개인정보 규제 완화 조치는 상당히 구체적인 것 같던데요.

개인정보 규제 완화 조처는 상당히 실질적인 것으로 보입니다. 정부는 가명정보 사용 범위를 확대하고 공적 데이터를 의료정보 기업에 제공하겠다고 합니다. 가명정보는 개인정보에서 이름 등 개인 식별 정보만 지운 것을 뜻하는데요. 실제로는 데이터에 담겨 있는 정보가 많아지면 개인을 식별하는 건 아주 어려운 일이 아닙니다.

게다가 정부가 풀겠다는 공적 데이터는 건강보험공단 등에 축적된 정보로 1977년 이래 하나도 삭제하지 않았다고 합니다. 보험료 산정 기준이 되는 집, 자동차, 소득 수준 등이 모두 담겨 있죠. 누가 어디서 살았는지 누구와 함께 살았는지 하는 세대 정보와 결혼이나 이혼에 관한 정보도 있고 개인에 대한 모든 질병 이력은 물론 신상 정보도 거의 다 들어 있죠.

이런 데이터들을 은행 등이 보유한 신용 정보와 결합하면 개인을 알아내는 것은 아주 어려운 일이 아니에요. 신용 정보에는 카드 사용 내역 등도 담겨 있으니 각종 의료정보뿐 아니라 소비 패턴, 동선

---

* 결국 총선 이후에 문재인 정부는 원격의료의 구체적 추진방안과 일정을 내놨다 — 지은이.

등도 파악하게 되는 겁니다. 설사 개인을 특정하지는 못더라도 이런 정보를 보험 회사 등이 보유하게 될 경우 보험료 산정·지급, 가입 등에서 기업주들이 압도적 우위에 서게 됩니다. 실제로는 노동자들의 민간 의료보험료 부담 등이 늘어날 가능성이 크죠.

정부는 2021년 말까지 민간 기관들이 이런 가명정보를 결합해서 사용·판매할 수 있도록 하겠다는데, 이는 대단히 친기업적인 정책이라 할 수 있습니다. 대신 평범한 사람들은 불리한 처지에 놓이고 개인정보 유출 위험도 있죠. 무엇보다 이게 코로나19랑 무슨 관계가 있죠?(웃음)

사실 개인정보는 '21세기 원유'라고 불릴 정도로 기업들이 침을 흘리는 분야입니다. 기업이 착취하는 대상이 노동자와 자연을 넘어 그 자연의 일부인 인간의 몸까지 확대되는 것이라 볼 수 있을 겁니다. 심지어 이번에 코로나19 감염자의 혈액을 5000달러씩 주고 거래한다는 얘기도 있어요.

이처럼 개인정보를 상품화하면 의사와 환자의 신뢰 관계는 다 깨질 겁니다. 의사가 환자의 정보를 알기 어렵게 되면 사회적 낭비가 발생하고 안전도 위협받습니다. 필요한 정보를 얻는 방법이 검사밖에 없게 되면 그만큼 낭비가 늘어날 거고요. 충분한 정보 없이 처방하거나 처치할 경우 위험에 처할 수도 있습니다. 그 책임은 누가 져야 할까요?

Q. 건강관리서비스는 뭔가요?
민간 기업들, 예컨대 보험사들이 건강관리서비스 상품을 판매할 수 있도록 하겠다는 것인데요. 사실 이것은 비영리 기관인 병원이,

건강보험이 적용되는 서비스로 기본으로 제공해야 하는 것이지만 앞으로는 이걸 영리기업들이 돈벌이할 수 있도록 내주는 것이죠.

박근혜 정부 시절에 건강관리서비스 가이드라인을 만들려다가 반발에 부딪혀 좌절된 바 있습니다. 그런데 문재인 정부가 이 가이드라인을 만들었어요. 이른바 의료 서비스와 비의료 서비스를 구분하고 비의료 서비스는 기업들이 판매할 수 있도록 한 겁니다.

그런데 비의료 서비스의 정의를 보면 '이미 정해진 기준과 다를 경우 이를 판정하는 것'이라고 돼 있어요. 이건 '진단'의 정의와 같습니다. 또 '일반적으로 인정된 질병에 도움이 되는 서비스 제공'도 비의료 서비스에 포함돼요. 운동요법, 식이요법이 그 사례입니다. 그런데 이게 왜 비의료 서비스일까요?

가이드라인에 따르면 이런 비의료 서비스 제공 업체를 보험 회사의 자회사로 둘 수 있도록 했어요. 이번에 발표한 건 이 가이드라인을 법제화하겠다는 겁니다. 박근혜·이명박 정부보다 더 나아가겠다는 것이죠.

이런 식이 될 가능성이 큽니다. 민간 보험사가 건강검진 상품을 판매하고요(지금도 하고 있습니다). '진단'을 해서 운동요법, 식이요법 등을 처방하거나 병원에 진료를 의뢰하게 될 거예요. 그런데 이렇게 되면 병원의 환자 관리를 보험사가 하게 됩니다. 병원은 보험사에 의존하게 되고요. 병원 입장에서는 돈 되는 환자를 보내 주는 곳이 보험사니까요. 그러면 병원이 스스로 그런 계획을 세우고 추진하지는 않을지라도 보험사가 추구하는 방향과 계획에 따라 운영될 위험이 있습니다.

미국의 사례를 보면 이런 우려가 현실적이라는 것을 알 수 있습니다. 미국에서는 민간 보험사가 건강유지기관HMO을 만들어 민간병원을 통제하고 있죠. 이것을 미국식 '관리 의료'라고 합니다. 미국 병원의 진료비가 말도 안 되게 비싼 이유입니다.

Q. 정부의 원격의료 추진 등이 실제 코로나19 대응에는 어떤 효과를 미칠까요?

사회적 자원이 한정된 상황에서 이렇게 엉뚱한 곳에 재정을 투자하는 것은 매우 부적절하다고 봅니다.

지금 필요한 건 2차 재확산에 대비하는 데 필요한 조처들이에요. 병상을 확보하고 인력을 동원하고 필수 의료 자원을 생산하는 것 같은 일들 말이죠.

코로나19 환자의 4분의 3은 공공병원에서 치료했어요. 대구에서 이번 코로나19 대처에 동원한 병상을 보면 공공 병상이 1100개 정도 됩니다. 대구의료원·대구보훈병원·국군대구병원·산재병원·경북대병원 등이죠. 그나마 급박한 상황에서 좀 늘어났어요. 동산병원·대구가톨릭대병원·영남대병원 등 민간병원에서도 400병상 정도 동원했죠. 이렇게 1500개 병상으로 6000명가량의 환자를 감당해야 했습니다. 대구의 이 공공 병상도 모자라게 되니 경남에 있는 마산의료원·산재병원·결핵병원이 [기존] 환자를 소개疏開하고 [코로나19] 환자를 받았고 이것으로도 모자라 부산·전남·충청·서울·인천의 공공병원까지 그야말로 전국에 있는 공공병원이 동원돼 겨우 환자들을 받아 냈죠. 대구에 있는 나머지 병상 3만 개는 코로나19 대응에 활용되지 않았습니다.

'빅파이브'라고 불리는 서울의 대형 병원 5곳[서울대병원·서울아산병원·삼성서울병원·세브란스병원·서울성모병원] 중에 공공병원인 서울대병원을 제외한 민간 대형 병원에서 치료한 코로나19 중환자는 9명에 지나지 않는다고 충남대병원 내과 교수 한 분이 지적을 하셨더라고요. 충남대와 충북대 [국립대] 병원만 해도 코로나19 환자로 생고생을 하는데 말입니다. 황당할 정도로 균형이 안 맞는 거예요. 김윤 [서울대 의대] 교수가 민간병원의 문제를 지적한 이유입니다.

근데 이건 근본에서 시장 논리가 낳은 문제예요. 감염병 병동은 평소에는 여유가 있게 비어 있어야 하는 병동입니다. 그래야 위기 상황에 사용할 수 있죠. 그런데 시장 논리로 운영되는 민간 대형 병원이 어떻게 그럴 수 있겠어요. 빅파이브 병원들이 매년 1조 원 이상 돈을 번다고 해서 '빅파이브'입니다. 병상이 3000개라고 생각하면 병상 하나당 1년에 3억 원을 뽑아내는 거예요. 그런데 이걸 비워 둔다고요?

현대 자본주의는 재고를 줄이려고 적시 생산 방식을 강화하고 있는데요. 병원들도 마찬가지입니다. 지금 보면 대형 병원 중환자실은 가득 차 있어요. 여유 병상을 거의 두지 않는 체계죠. 그래야 이익을 극대화할 수 있으니까요.

영국·이탈리아·스페인 등이 공공의료 체계를 갖춘 나라로 유명하지만 그동안 시장 논리에 따라 운영돼 왔고 그래서 최소한의 인력과 시설만 유지하다 보니 이번에 의료 체계가 붕괴한 겁니다.

---

* 나중에 알려진 바로는 세브란스병원이 시간이 좀 지나 20여 명의 코로나19 환자를 받았다고 한다. 대통령 주치의를 맡은 병원인 것과 연관이 있다고 말하는 사람도 있다 — 지은이.

상황을 어느 정도 통제한 것으로 알려진 독일은 그나마 중환자실이 많은 것으로 알려져 있는데요. 10만 명당 34개였던 중환자실 수를 50개로 늘려 2차 파고에 대비한다고 합니다. 그런데 한국은 현재 독일의 절반도 안 됩니다. 10만 명당 18개. 이것도 (중환자실 기능을 제대로 하지 못하는 병상도 포함해서) 많이 쳐서 그런 상황입니다.

대구에서 발생한 확진자가 6500명 정도였는데요. [확진자가] 독일 수준으로 많아지면 현재 공공 병상으로는 어림없고 영국이나 이탈리아 같은 상황이 될 겁니다. 코로나19 환자뿐 아니라 다른 중환자에게도 제대로 된 조처를 할 수 없게 돼요. 살 수도 있는 사람들이 속절없이 죽어 나가는 겁니다. 대구에서 환자가 6000명일 때, (3월 16일까지) 2300명이 병실이 없어 대기해야 했고 초기에 사망한 환자 75명 중 17명(23퍼센트)은 병원 문턱을 넘지도 못하고 죽었습니다. 우리나라가 상대적으로 다른 나라보다 사망자가 적었다고 자만할 일이 아닙니다.

지금 상황은 민간병원도 90퍼센트 이상 환자가 차 있기 때문에 동원할 병상이 없습니다. 그게 요새 병원 경영의 원칙입니다. '90퍼센트 수준을 유지해라', '재원일수를 줄여라' 등.

의료 인력도 지금부터 훈련해야 합니다. 서울에서는 의료인 감염이 거의 없었는데요. 대구에서는 꽤 있었어요. 환자는 밀어닥치는데 훈련이 안 돼 있었기 때문입니다. 대구는 지난번 메르스 사태 때 환자가 거의 없었는데 그러다 보니 사실상 방심하고 있었던 거죠.

따라서 다가올 재확산에 대비해, 이를 위한 조처들에 재원을 집중 투자해야 합니다. 시간을 벌었으면 그 시간을 충분히 활용해야죠. 지금 정부는 재원뿐 아니라 시간도 엉뚱한 데 낭비하고 있는 셈입니다. 사실 한국은 2차 재확산 때 가장 취약한 나라가 될 수 있습니다. 면역력을 획득한 사람이 가장 적은 나라니까요.

300병상 이상의 감염병 전문 병원을 전국 곳곳에 설립해야 하고요. 어떤 상황에서는 민간 대형 병원과 그 소속 인력도 동원할 수 있도록 대비시키고 훈련시켜야 합니다. 당연히 돈이 들죠. 필수 장비 생산 계획도 세워야 합니다. 지금 인공호흡기가 9000개 정도 있다고 하는데요. 턱없이 부족합니다. 가전제품이나 자동차를 만드는 기업들에 명령해 필수 장비를 생산하도록 해야 합니다.

사실 지금도 법적으로는 유사시 정부가 사립 병원을 동원할 수 있게 돼 있습니다. 그러나 정부 자신도 의지가 없고 벌칙 조항도 없어 무의미한 상태라 할 수 있죠. 그리고 환자가 가득 차 있는데 환자를 어떻게 쫓아내나요. 지금부터 준비를 해야 합니다. 그런데 오히려 코로나19 대응에 앞장선 공공병원들에서 적자를 이유로 구조조정 얘기가 나오고 있습니다.

정부가 재정적·제도적 뒷받침을 지금 해야 합니다. 그런 면에서 기재부가 발표한 '대책'은 도움이 되기는커녕 대응을 방해하는 효과를 낼 것입니다.

Q. 그렇다면 지금 가장 시급한 조처들은 무엇인가요? 정부의 집회 금지 조처는 어떻게 봐야 할까요?

집회와 관련해서는 정부가 공장 등에 취한 조처들만큼 하면 된다고 봅니다. 공장에서 거리 두기를 유지할 수 없도록 해 놓고 집회만 하지 말라는 것은 앞뒤가 안 맞죠.

또 분당서울대병원 김용빈 교수에 따르면 아직 야외 감염 사례는 없다고 합니다.

정부는 집회 참가자들이 충분한 거리를 유지할 수 있도록 보장해야 합니다. 집회 때마다 투입되는 전경들이 적절한 거리 두기를 하는지도 봐야겠죠. 정부가 거리 두기를 최우선으로 하지 않으면서 거리 두기를 이유로 정치적 활동을 방해하는 것은 이중 잣대입니다. 그리고 감염병 시기에도 경제 위기가 더 큰 문제일 수 있습니다. 해고나 생계가 감염병보다 더 큰 문제일 수 있죠. 집회는 어떤 시기에도 제한할 수 없는 권리입니다.

외국의 경우 진단서 없이도 1주일은 유급병가를 쓸 수 있도록 하고 있습니다. 한국도 '생활 방역'을 유지하려면 그렇게 해야 합니다. 또, 이를 이유로 해고할 수 없도록, 코로나19와 경제 위기를 이유로 해고할 수 없도록 정부가 실질적인 조처를 해야 합니다. 건강보험에 상병수당 제도를 도입하고 기업에게 유급병가 제도를 강제하도록 법과 제도를 고쳐야 합니다. 건강보험법은 상병수당을 줄 수 있도록 이미 법으로 규정하고 있기 때문에 정부가 마음만 먹으면 당장 상병수당은 도입할 수 있습니다.

거리 두기를 감시하고 제대로 안 되면 사업주를 처벌해야 합니다. 하청기업은 원청이 책임지도록 해야 합니다.

경제 위기 대응을 위해 토건 사업에 예산을 쓰겠다는데 새만금 사업 같은 것이 필요한 것은 아니죠. 노후한 시설이나 꼭 필요한 시설을 새로 짓겠다면 규제를 강화해서 에너지 효율도 높여야 합니다.

'뉴 노멀'이라는 표현이 많이 쓰이는데요. 새로운 기준들이 많이 필요할 거라고 봅니다. 대중교통을 대폭 확충하고, 공공 임대주택을 대폭 늘려 밀집 거주도 줄여야 합니다. 해야 할 일, 돈이 필요한 곳이 매우 많습니다. 이런 것을 해도 모자랄 판에 원래 추진하던 신자유주의 정책을 밀어붙이도록 내버려 둬서는 안 됩니다.

'전 국민 고용보험 제도'를 도입한다는데 도입할지도 두고 봐야겠지만 정부가 돈 안 들이는 식으로 하면, 즉 노동자들이나 특히 영세 자영업자들이 비용을 대부분 부담하는 식으로 하면 제대로 될 리가 없습니다.

요양원, 요양 병원에서 거리 두기를 하려면 사회보장을 강화해, 소규모로 분산해서 지역사회에 기반한 요양원 형태로 만들어야 합니다. 그러려면 지금처럼 민간에 맡겨 놓을 것이 아니라 정부가 직접 만들고 운영해야 하죠. 또 당장 정부가 돌봄 노동자들을 직접 고용해야 합니다. 지금 요양원과 요양 병원에 노인 40만 명이 있는데 몇 번 코로나19 검사한다고 해서 안전하다고 할 수 없고 이것이 대책이 될 수는 없습니다.

출처: 장호종 인터뷰·정리, 〈노동자 연대〉 321호(2020-05-06).

"팬데믹 시대, 노동자들이 싸워야 한다"

Q. 코로나19 발생이 중국에서 보고된 지 200일이 다 돼 갑니다. 그동안 이 신종 감염병이 전 세계로 확산됐는데요. 지금 상황은 어떤가요?

지금 미국 확진자가 300만 명이 넘었죠. 세계에서 가장 환자가 많고요. 그 뒤를 브라질과 인도, 러시아가 따르고 있는 상황입니다. 첫 환자가 생겼던 중국은 매우 강력한 권위주의적 통제로 어느 정도 방역에 성과를 낸 듯합니다.

반면, 미국은 확실히 통제 불능, 아니 통제를 안 하는 상황이라고 봐야 할 것 같습니다. 일일 확진자 수 그래프를 보면 두 개의 봉우리를 그리고 있는데요. 2차 확산이라고 하는 사람도 있지만 사실 아직은 1차라고 봐야 할 것 같아요. 처음에는 동부에서 확산했고 이제는 남부와 서부에서 확산하고 있는 건데요. 상대적으로 뉴욕 같은 동부 주요 도시들은 어느 정도 거리 두기를 강화해서 증가세가 둔화했어요. 반면, 플로리다 같은 곳에서는 일일 확진자가 1만 명을 넘긴 7월 11일에 디즈니랜드를 개방했죠.

애당초 코로나19 종식, 그러니까 집단면역을 획득하는 방법이 두

개가 있다는 얘기가 있었죠. 하나는 백신을 개발해서 접종하는 것이고요. 다른 하나는 그냥 다 걸리자는 거였는데요. 스웨덴이 후자 방식을 추진했는데 인구가 1000만 명인 나라에서 사망자가 5500여 명이나 나왔습니다. 그런데도 여태 인구의 7퍼센트에게만 항체가 생겼고, 그것도 몇 개월밖에 안 간다는 연구 결과들이 나오고 있어요. 사실 실패한 거죠. 그런데도 미국의 주요 도시들은 중요한 거리 두기 조처를 취하지 않고 있습니다.

유럽은 미국처럼 노골적으로 막 나가지는 않고 있습니다. 유럽은 증가세가 둔화하고 있었는데요. 그러나 확실히 줄어들기 전에 경제 활동을 재개한다며 외출 금지령 등을 해제하고 상점 문을 열었어요. 유럽 내 여행도 허용했고요. 그 결과 재확산이 일어나고 있습니다. 나라마다 조금 차이는 있지만 확진자 규모가 하루에 수백~수천 명 규모로 늘어나고 있습니다.

여기까지가 선진국들의 상황인데요. 미국은 방역을 사실상 포기했고 유럽도 덜 노골적이지만 방역을 등한시하고 있습니다. 모두 이윤을 우선시하는 자본가들의 논리를 따른 결과입니다.

제3세계 나라들에서는 [감염] 확산이 격렬하게 이뤄지고 있습니다. 라틴아메리카와 인도, 아프리카 등인데요. 사실 아프리카는 남아프리카공화국 정도를 제외하면 제대로 집계가 안 되고 있는 상황이라고 봐야 할 듯합니다. 이런 곳들은 의료 인프라나 사회보장제도가 미비해 급속도로 확산될 수밖에 없는 조건이죠.

동아시아에서는 일부 나라는 어느 정도 통제가 되고 있는 것 같고요. 다만 일본은 검사를 제대로 하지 않는다는 의심을 사고 있습니다. 검사를 받을 수 있는 기준이 매우 까다로운 것으로 알려져 있죠. 실제 상황은 유럽과 크게 다르지 않아 보입니다.

어느 정도 코로나19를 통제하고 있는 일부 나머지 나라들도 줄타기하거나 위험한 도박을 벌이는 상황이라고 볼 수 있겠네요. 특히 한국 같은 경우가 그렇죠.

Q. 미국이나 유럽 같은 선진국 정부들이 코로나19 대응에 이토록 무능한 것을 어떻게 봐야 할까요?

선진국 정부들은 자본주의 논리에 충실히 따르고 있다고 봐요. 처음에는 꽤나 우려도 했던 것 같은데요. 시간이 지나면서 코로나19의 피해 양상이 많이 드러났잖아요. 중요한 건 노인이 주된 피해자라는 거죠. 그런데 각국 지배자들은 노인을 재정이나 축내는 존재로 여기죠. 또, 백신이 빨리 나오지 않을 거라는 사실이 점점 분명해지고 있어요. 그러니 경제활동을 재개하고 불가피한 희생은 감수하겠다는, 즉 비생산적 인구인 노인이나 단순[비숙련] 노동자들의 사망·질병 등은 무시하겠다는 전략을 채택하는 것으로 보입니다. 이걸 '코로나19와 함께 살기'라고 부르기도 하는 모양입니다.

여러 나라에서 일반인 대상 무작위 조사를 종합해 본 결과, 무증상 감염이 확진자의 10배 가까이 되는 것으로 나타났어요. 이 조사에서는 코로나19의 치명률이 0.6퍼센트 정도 된다고 합니다. 수치가 작아 보이지만 이 수치는 독감 치명률의 6~10배 가까이 되는 것으로, 매우 높은 편이에요. 그런데 노인 인구의 경우 치명률이 5.1퍼센트나 된다고 합니다. 선진국 정부들이 어떤 선택을 하고 있는지 잘 보여 주는 대목이죠. 결국 코로나19를 극복하는 두 길 중 야만적인 길을 선택한 거예요.

이런 나라의 정부들은 어느 정도만 통제되면 이대로 사는 것도 가능하다고 여기는 것 같습니다. 미국 사망자가 13만 명이 넘었고 브라질에서는 7만 명이 죽었다는데 노인 비율이 굉장히 높아요. 이런 상황을 보며 어느 정도 자신감도 회복한 듯합니다.

이건 저항이 아직 효과적이지 않다는 점을 보여 주기도 하는 거라고 봐요. 한편에서는 경제 위기 때문에 불가피한 것 아닌가 하는 분위기도 있고요. 감염병을 단순히 자연재해로 여기는 생각도 영향을 끼치는 거겠죠. 그러니 '위험해도 먹고살려면 어쩔 수 없다'는 생각이 지배적인 것 같아요. 경제 위기 상황에서 노동운동과 사회운동이 위축돼 있는 상황이 아쉽습니다.

Q. 한국 상황은 줄타기나 위험한 도박에 가깝다고 하셨는데요.

환자가 폭증할 가능성이 크다는 경고가 여러 차례 있었는데요. 다행히 대부분 그 위기를 넘겨 왔습니다. 방역 측면에서만 보자면 지자체별 대응 능력도 초기에 비해 나아진 면이 있는 것 같습니다.

그렇지만 최근 양상은 좀 더 걱정스럽습니다. 먼저, 지역 감염의 범위가 넓어지고 있어요. 수도권에서 대전, 광주로 확산되고 있죠. 다음으로, 환자 중에 감염 경로를 알 수 없는 경우가 10퍼센트를 넘어서고 있습니다. 추적과 격리 등 방역에서는 어느 정도 성과가 있었다고 볼 수 있지만 무엇보다 환자 치료 능력이 극도로 낮습니다.

코로나19 환자 100명 중에 20명은 입원 치료가 필요하다고 알려져 있어요. 그중에 5명은 중환자실이 필요하고요. 그런데 얼마 전 국립중앙의료원 중앙임상위원회가 발표한 것을 보면 공공 병상이 거의 꽉 찼다고 해요. 대전과 광주는 이미 포화 상태를 넘겼고요. 그래서 중앙임상위원회가 퇴원 규정을 완화하자고 발표한 지 하루 만에 정부는 공식적으로 퇴원 규정을 완화하는 결정을 했습니다. 이 조처로 한숨 돌렸지만 확진자 증가 추이가 현재 수준으로 유지된다고 해도 지금의 의료 체계로는 감당하기 어려운 지점에 도달할 수밖에 없습니다. 다시 말해 위기가 지연되고 있다고 보는 게 정확한 평가일 것 같습니다.

대구의 경우 환자가 6000명이었을 때 2300명이 입원을 못 하고 집에서 대기하고 있었어요. 초기 사망 환자 75명 중 23퍼센트는 병원 문턱도 넘지 못하고 죽었죠. 전국적으로 환자가 매일 100명만 되도 순식간에 중환자실이 가득 찰 겁니다.

한국의 경우 인구의 0.2퍼센트만 한 시기에 집중 감염돼도 10만 명이 걸리는 셈인데요. 0.5퍼센트면 25만 명이고요. 해외 사례를 보면 충분히 가능성이 있는 얘기죠. 그러면 중환자실만 1000~3000개가 더 필요하다고 합니다. 공공병원에 지금 당장 감염 병상을 만들면 중환자실 200개는 만들 수 있다고 해요. 전국 대학병원 중환자실의 30퍼센트를 징발하면 1000개까지도 확보할 수 있다고 합니다. 그런데 지금 대학병원 중환자실은 95퍼센트 이상 환자가 가득 차 있어요. 그럼 지금 중환자들은 어디로 가야 하나요?

여러 경로로 확인해 봐도 정부는 공공병원 중환자실을 늘릴 생각을 안 하고 있구요. 아예 중환자실 준비는 안 하는 듯 보입니다. 현재 상황을 우려하는 일부 전문가들도 정부가 아무런 준비를 안 하면 현재 상태에서는 유사시에 불필요한 수술을 줄이고 '수술 후 중환자실SICU'을 동원하는 방법밖에 없을 것 같다고 해요. 불필요한 수술은 응급 환자를 제외한 수술 환자들을 얘기하는 겁니다. 막판까지 몰리면 암 환자 등도 비응급수술로 분류될 수 있겠죠. 지금부터 중환자실을 준비하지 않으면 이런 일들이 발생할 것입니다. 더 나아가 유럽이나 뉴욕에서처럼 노인 환자들은 병원에서 살리기를 아예 포기하는 상황이 올 수 있다는 것이죠.

사실 이탈리아에서 벌어진 참사도 이처럼 공공 병상과 의료진 부족에서 비롯한 측면이 큽니다. [코로나19 피해가 심각한] 롬바르디아가 속한 이탈리아 북부는 북부동맹이라는 극우파가 지방정부를 계속 집권한 곳이고 우파의 영향력이 강한 곳으로 알려져 있어요. 이 지역에서는 지난 몇십 년 동안 신자유주의가 기승을 부렸고 2008년 유로존 위기 이후 복지 재정이 30퍼센트나 삭감됐다고 합니다. 그러니까 의료진이 이민을 가고 간호·돌봄 노동자도 부족한 상태가 됐죠. 이런 상황에서 감염이 확산되자 의료 체계가 완전히 붕괴한 겁니다.

Q. 신종 감염병이 의료 체계에 주는 부담이 엄청나게 커 보입니다.

코로나19 자체가 주는 부담이 엄청 크죠. 의료 체계가 붕괴하는 경우도 있고 의료진이 탈진해서 제 기능을 못 하는 경우도 많습니다. 그러다 보니 원래 있던 감염병에도 제대로 대응하지 못해 큰 문제가 되는 경우가 많이 벌어집니다. 베트남 지역에서는 디프테리아가 유행하고 있는데 이것은 기본적인 예방접종을 못 해서 일어난 일이죠. 위생 문제 등이 연관돼 페스트가 다시 등장하기도 하죠. 에볼라 같은 다른 신종 전염병도 세계 곳곳에서 번지고 있습니다.

게다가 이제 대부분의 전문가들이 백신이 나와도 코로나19가 2년 안에 안 끝날 거라는 데 동의하고 있습니다. 계절성 감염병처럼 주기적으로 유행하거나 아예 풍토병처럼 자리 잡을 가능성도 있죠.

기후 위기가 계속 심화하고 자연과 인간의 관계가 파괴되면 새로운 질병이 계속 늘어날 겁니다.

2018년 2월에 세계보건기구가 공중보건을 위협할 가능성이 크고 아직 백신과 치료제가 없는 질병 8가지를 발표했어요. 그중 마지막이 '질병 X'였는데 미지의 질병이라는 얘기죠. 코로나19가 바로 그 병원체 중 하나인 겁니다.

사스를 일으키는 바이러스 이름이 '사스-코로나바이러스'인데 코로나19는 '사스-코로나바이러스-2'예요. 거칠게 말하면 사스의 약화된 형태라고 할 수 있죠. 그런데 이 바이러스가 진화를 한 거예요. 인간 숙주를 잘 감염시키고, 세대 주기가 빨라지고, 무증상 감염을 일으키는 등 말이죠. 그런데 이런 진화가 계속 진행돼서 코로나26, 코로나29 이렇게 가면 어떻게 되겠어요. 심지어 항체가 몇 개월 안 가기 때문에 3개월마다 예방접종을 해야 한다는 얘기도 있지만 아직은 모르는 일이죠.

게다가 세계보건기구가 거론한 나머지 7개(질병 수로 따지면 9개)의 질병 리스트도 여전히 미해결 대기 상태라고 보면 됩니다. 여덟째 미지의 질병들은 여전히 있는 것이구요.

Q. 백신과 치료제 개발 상황은 어떤가요?

가장 앞서 있는 모더나의 백신도 아직은 그 결과를 장담하기 어려워 보여요. 새로운 방식으로 만든 백신인데 아직까지 이 방식으로 만들어 본 적이 없어요. 최근 1상 임상시험 결과를 발표했는데요. 효과가 상당히 긍정적인 것으로 나왔지만 중화항체가 만들어졌다는 정도고요. 그게 실제로 방어 효과가 있는지, 얼마나 있는지는 검증되지 않았어요. 백신 효과가 지속되는 기간도 미지수고요.

안전성 문제도 검증됐다고 보기 어려워요. 시험 대상이 45명으로 작은 규모인데다 건강한 18~55세를 대상으로 했기 때문에(물론 임상 1상은 건강한 사람을 대상으로 하는 것이긴 합니다), 말하자면 가장 취약한 노인층이나 기저 질환자에게 어떤 부작용이 생길지도 알 수 없고요. 백신 안전성 문제의 핵심이라고 할 수 있는 '백신 유발 호흡기 질병 악화'라는 최악의 부작용에 대해서는 아직 검증되지 않았습니다. 여전히 불확실성이 매우 커 보여요.

설사 성공했다고 발표해도 그 효율이 얼마나 될지 알수 없죠. 코로나바이러스도 인플루엔자나 에이즈 등과 같은 RNA바이러스인데요. RNA바이러스의 경우 변이가 워낙 심해서 백신 개발이 상당히 까다로운 것으로 알려져 있습니다. 인플루엔자 백신의 효율이 40퍼센트 정도 되는 것으로 알려져 있는데요. 그해에 유행할 인플루엔자 종류를 맞히는 것 자체가 어렵고요. 맞혀도 조그만 변이들 때문에 효과를 보지 못하는 경우가 많습니다.

인플루엔자 백신이 개발된 지 70년 정도 됐는데도 이 정도고 에이즈 백신은 아직도 미개발 상태니까 어떨지 대략 예상이 되죠. 그 외 영국에서 만들고 있는 옥스퍼드-아스트라제네카 백신, 중국에서 전통적 방식으로 만들고 있는 불활성화 백신 등이 선두 주자인데요. 이 백신들이 성공하면 연말에 생산이 가능하다고 하는데 아직은 성공 자체가 불확실한 상황입니다. 150개쯤 개발에 들어갔다고 하는데 올해 가을쯤에 일차적인 성공이 드러나겠죠.

백신 개발에 성공을 해도 여전히 문제가 큽니다. 모더나가 성공을 하면 연말까지 1억 개 생산이 가능하다고 하는데 그 효율도 문제고

이 정도 생산량으로는 78억 인구 중에 누가 먼저 맞을지가 문제가 되죠. 다른 백신들도 마찬가지입니다. 성공한다 해도 생산과 분배 문제가 있습니다.

누가 우선인지가 당장 문제가 되겠죠. 현재로서는 위험도 순위가 아니라 누가 백신 가격을 지불할 능력이 되는지가 우선순위를 결정할 가능성이 큽니다. 즉 돈이 많은 순서대로, 자본주의 논리대로 정해질 가능성이 크다는 이야기입니다. 선진국 사람들이나 부자들은 먼저 맞을 수 있겠지만 말이죠. 백신 개발에 언제 성공할지도 문제이지만 생산하는 데 몇 달 혹은 1년이 넘게 걸릴 것이고 여전히 가격과 분배 문제가 남을 것입니다. 결국 백신이나 치료제에 있어서도 자본주의적 경쟁이나 이윤 추구가 극히 비효율적인 생산과 분배 문제를 낳을 겁니다.

또 말 그대로 팬데믹, 즉 전 세계적 감염병의 문제이기 때문에 백신이 개발돼도 여전히 문제가 있습니다. 백신이 개발되면, 지금까지는 면역에 의한 압력이 없어 변이가 그리 크지 않던 바이러스가 면역이라는 압력에 대응해 새롭게 변이할 가능성이 커집니다. 새로운 백신이 필요하겠죠.

이때의 백신이나 치료제의 개발은 아예 바이러스를 모르던 때와 차이가 있겠지만 여전히 자본주의적 방식의 비효율적 백신 개발, 백신 값과 누가 먼저인가의 분배 문제가 계속될 겁니다. 결국 과학과 바이러스의 문제가 아니라 자본주의의 이윤 추구인가 생명인가의 문제가 더욱 뚜렷하게 드러날 거 같습니다.

치료제로 사용되는 것은 길리어드사이언스사社가 만든 렘데시비르가 지금까지 유일한데요. 그 효과가 '통계적으로 의미 있다'는 정도입니다. 중환자 사망률을 몇 퍼센트 낮추고 입원 기간을 며칠 단축시킨다는 건데요. 모두 길리어드사의 발표라 실제 결과는 좀 더 지켜봐야 할 듯합니다.

한국에는 첫 한 달간 무상으로 공급한다고 하는데 이는 사실 임상시험의 일부라고 보는 게 정확할 거예요. 굉장히 촉박하게 임상시험을 마쳐서 흔히 임상 4상으로 알려져 있는 '시판 후 시험 단계PMS'를 거치고 있는 겁니다.

게다가 굉장히 비싸고 주사제로 개발돼서 가난한 나라에서는 사용하지도 못해요. 길리어드사가 밝힌 바에 따르면 미국에서 민간 보험 가입자는 3120달러(375만 원), 공공 보험 가입자는 2340달러(281만 원)가 약값이라고 발표했어요. 약값이 이런데 제3세계에서 어떻게 쓰겠어요. 사하라 남부 아프리카에는 주사기도 없고 냉장고도 없는데요.

그 외 토실리주맙이라든지 임상시험에 들어간 약들이 있습니다. 일부가 치료제로서 개발에 성공한다 하더라도 결국 백신과 마찬가지로 이윤을 추구하는 제약회사들의 자본주의적 경쟁의 비효율 문제, 자본주의적 이윤 추구로 인한 가격·분배 문제가 여전히 있겠죠.

백신과 치료제 개발도 중요하지만 지금 상황으로는, 특히 제3세계에서는 마스크 등 방역 물품과 예방·의료 인프라에 투자하는 게 우선이라고 봅니다.

Q. 지금 가장 필요한 조처가 뭔가요?

세계 어디에서나 노인 등 취약 계층을 보호하고 감염이 확산되지 않도록 해야겠죠. 그중 제일 중요한 게 일자리와 관련된 문제라고 봅니다. 생계가 불안정해지면 어떻게든 살기 위해 여기저기 돌아다녀야 하고 이는 감염 전파에 좋은 조건이 됩니다. 먹고살 게 없는데 누가 방역에 신경을 쓰겠습니까. 따라서 해고를 금지하고, 기업에 자금 지원을 할 때도 최소한 고용 유지를 조건으로 해야 합니다.

사실 정부가 해고를 금지해도 기업이 파산하거나 하면 고용을 모두 유지하기는 쉽지 않겠죠. 자발적 퇴직 같은 꼼수도 여전히 있을 거고요. 그래도 정부가 이런 태세를 보여야 기업이 노동자들을 내팽개치는 것을 최소화할 수 있을 겁니다. 하다못해 해고 금지 조항을 근거로 노동자들이 저항할 수 있겠죠.

유럽의 경우 기업에 대한 정부 지원은 고용 유지를 조건으로 하는 경우가 많은데 한국 정부는 그럴 생각이 조금도 없는 것 같아요. 노동자들이 투쟁으로 쟁취해야 하겠죠. 경제 불황도 깊어질 겁니다. 따라서 당장 싸울 부문은 싸워야 하고 또 싸울 준비를 해야 합니다. 그게 조직된 노동자들이 진정으로 사회적 약자를 돕는 길이라고 생각합니다.

백신과 치료제 문제도 곧 닥치겠죠. 앞으로는 각국 정부가 효과적 백신이나 치료제를 무상으로 공급하고 공중보건의 우선순위에 맞게 배분하도록, 전 세계 노동자·민중의 단결된 투쟁이 요구됩니다.

기후 위기도 해결돼야죠. 유엔 등은 앞으로 8년 안에 온실가스 배출을 급격히 줄여야 한다고 경고했는데요. 지난 겨울 호주를 휩쓴 산불이나 올해 여름 북극 지역의 폭염 현상을 보면 그야말로 거주 불능 상태의 지구가 되는 것도 얼마 남지 않은 일 같습니다.

그런데 문재인 정부의 '그린 뉴딜'은 그야말로 무늬만 그린이라고 할 수 있을 것 같습니다. 이런 걸 그린 워싱이라고도 하죠. 이명박 정부의 '녹색 성장'은 그래도 재생에너지 목표라도 제시했는데요. 그린 뉴딜에는 탄소 배출량 목표도 계획도 안 보여요.

기후변화는 새로운 감염병 혹은 기존에 있던 감염병의 유행을 낳을 겁니다. 지금 상황에서 또 다른 감염병이 유행하면 의료 체계가 마비되고 재앙을 맞이하게 될 것은 분명해 보입니다. 그러면 기후 위기 극복도 어려워지겠죠.

한국의 경우 제가 있는 보건의료단체연합에서 좀 더 구체적인 조처들을 제시한 바 있습니다. 첫째가 코로나19 시기 해고 금지였고요. 유급병가·상병수당 도입, 전 국민 고용보험, 인력과 공공병상·중환자실 확충, 공공병원·의료 대응 컨트롤 타워 설립, 감염병 예방 미준수 기업 처벌 제도[감염병 예방법 개정 등], 임대료 동결과 국가 대납 등을 제시했습니다. 이것들은 정말이지 최소한의 요구라고 할 수 있습니다. 이런 요구들을 걸고 싸우는 게 중요하겠죠.

그런데 최근 "코로나19 위기 극복을 위한" 사회적 대화에서 나온 '노사정 잠정 합의안'을 보면 기가 막힐 뿐입니다. 해고 금지 같은 건 아예 없고, 다른 필수적 조처도 약속한 게 하나도 없습니다. 감염병 예방 지침에 노사정이 협조한다는 문구가 있던데요. 이게 무슨 소리죠? 노동자들이 예방 지침을 어겨서 문제인가요? 쿠팡 사례에서 보듯이 문제는 사용자들입니다. 기업주들에 대한 감시와 처벌을 강화해서 사용자들이 지침을 지키도록 해야죠.

합의안에는 이런 내용도 있습니다. "정부는 감염병 대응의 전문성과 독립성을 위해 중앙·권역별 전문병원을 확충하고, 권역별 지역조직을 마련한다. 정부는 감염병 대응과 지역 필수의료 확충을 위해 공공병원을 늘리고, 권역·지역별 책임의료기관 지정을 확대하며 지역공공-민간병원의 협력체계를 구축한다." 그런데 이건 원래 정부가 공약했던 내용이에요. 왜 자기들 공약을 이제 와서 노사정 합의라고 내놓는 겁니까?

사업별 특성에 맞는 예방 지침을 마련한다는 얘기도 있더라고요. 바이러스와 인간의 물리적·생물학적 특성을 고려한 예방 지침이 이미 있는데 뭘 새로 만든다는 걸까요? 이건 밀접 접촉을 허용하겠다는 얘기밖에 안 돼요.

Q. 위에서 제시하신 요구들을 좀 더 자세히 설명해 주시죠.

해고 문제는 앞서 얘기했고요. '아프면 쉬라'는 지침이 실제로 작동하려면 아플 때 쉴 수 있도록 제도로 뒷받침해야 합니다. 지금은 유급휴가도 없고 상병수당 제도도 없습니다. 심지어 코로나19에 걸려도 생활비 지급이 제대로 안됩니다. 지금 코로나19 확진자에게 지급되는 생활비는 1인 가구가 월 45만 원, 3인 가구가 102만 원으로 최저생계비도 안 돼요.

그런데 얼마 전 뉴스에 보도된 광주의 일용직 노동자 사례를 보세요. '100만 원을 갚아야 한다,' '죽어도 좋다'며 잠적했다가 공사 현장에서 추적·발견됐다는데요. 치료와 격리 기간이 평균 한 달 정도 걸려요. 그나마 격리 기간에는 스스로 생활을 해야 하니 돈이 필요하고요. 그런데 정부는 45만 원 주고 버티라고 하니 어떻게 입원 치료나 격리를 받아들일 수 있었겠어요. 이 노동자 입장에서는 '합리적' 선택을 한 거라고도 볼 수 있죠.

중환자실도 앞서 얘기했는데요. 격리 병실이나 격리 중환자실도 당장 지어야 하지만, 병실만 있다고 가동되는 게 아니겠죠. 보통 경력 간호사가 중환자실에 적응해서 어느 정도 역할을 하려면 최소 훈련 기간이 8주가 걸린다고 합니다. 중환자실을 200개만 추가로 운영하려고 해도 방역복을 입고 2시간마다 교대해야 하는 것을 고려하면 최소한 1000명 이상이 필요합니다. 만일 중환자실을 1000개 더 운영하려면 얼마나 많은 인력 훈련이 필요하겠습니까? 따라서 지금 의사와 간호사를 훈련해 놔야 합니다. 그러지 않으면 대구에서 벌어진 일처럼 어마어마한 혼란이 벌어질 겁니다. 흔히들 'K-방역'은 성공했다고 하는데 대구에서 벌어진 일을 보면 'K-의료'는 6000명의 환자 대응에도 실패했습니다.

병원은 물론이고 정부가 요양 보호사 등 돌봄 노동자들을 직접 고용하고 일자리를 대폭 늘려야 해요. 지금 요양 병원, 요양원 등에서는 돌봄 노동자 1명이 평균 8명에서 10명을 돌보는 것으로 알고 있는데요. 이래서는 감염이 확산되는 걸 막기가 어렵습니다. 코로나19에 취약한 노인·장애인이라 감염이 확산될 경우 치명률도 높아질 겁니다. 민간 요양 시설에서는 코로나19 감염 우려가 있는 사람들은 아예 돌봄 서비스 제공을 거부하기도 합니다. 정부가 직접 책임지고 제공할 때에만 제대로 된 요양이 이뤄질 수 있어요. 비용도 대폭 낮춰야겠죠.

공공병원·의료 대응 컨트롤 타워도 꼭 필요합니다. 왜 정세균 국무총리가 대구까지 가야 했을까요? 얼마 되지도 않는 공공병원 운영 체계가 뿔뿔이 흩어져 있어서 그렇습니다. 보훈병원은 보훈처 소관이고요. 국군병원은 국방부가 관리하죠. 산재병원은 노동부 소관이고 지방의료원은 시도지사가 관리하고요. 국무총리가 아니고서는 지시를 따르지 않죠. 따라서 감염병 대응 체계에서 방역뿐 아니라 치료를 지휘할 컨트롤 타워도 만들어져야 합니다. 이 컨트롤 타워는 2차 유행 시 공공병원의 대응뿐 아니라 필요시 민간병원 병상도 징발할 수 있어야 하고, 필수 의료를 유지하기 위해서도 필요합니다. 그래야만 경산시의 17살 정유엽 군같이 폐렴으로 병원을 전전하다가 사망하는 일을 줄일 수 있습니다.

사람들이 집이나 자영업 점포에서 쫓겨나지 않도록 정부가 임대료를 동결시키거나 대납하는 조처도 필요하죠. 이런 것들은 정말 최소한의 요구라고 생각합니다.

출처: 장호종 인터뷰·정리. 〈노동자 연대〉 331호(2020-07-15).

우석균 인도주의실천의사협의회 공동대표 8월 26일 인터뷰
"코로나19 재확산, 정부의 거리 두기 완화 때문"

Q. 코로나19 재확산으로 병상 부족이 현실화되고 있습니다.

경고하던 일이 현실이 된 거죠. 시민 단체뿐 아니라 전문가들과 국립중앙의료원 측에서도 거듭 얘길 했는데 그동안 준비된 게 하나도 없는 것 같아요.

대구의 초기 혼란에서 배운 게 없어 보여요. 뒤늦게나마 8월 17일부터 국립중앙의료원에 '코로나19 공동대응 상황실'(수도권 현장대응반)을 만들었는데요. 그동안 컨트롤타워 만들어야 한다고 그렇게 얘기했는데 이제야 생긴 거예요. 도대체 격리 병상이 어디에 얼마나 남아 있고 사용 가능한지 알고 있는 사람이 없었거든요. 다만 가동한 지 얼마 안 되다 보니 잘 작동하지는 않고 있는 것 같습니다.

정부가 8월 18일에 중환자실이 85개 남았다고 했을 때 중환자의학회 관련자들이 다들 "그럴 리 없는데 … " 했다는 거예요. 평소 상태를 고려했을 때 그렇게 많이 남아 있을 리 없다고 본 거죠. 아니나다를까 다음 날 71개라고 수정 발표했죠. 그런데 엄중식 [가천대길병원 감염내과] 교수가 TV에 나와서 실제 쓸 수 있는 중환자실은 20개밖

에 안 된다고 지적한 거예요. 보고된 숫자만 챙겨서 발표한 것이고 현장 실사를 한 번도 안 한 거죠. 그야말로 탁상행정을 한 겁니다. 중환자실로 보고돼 있지만 없는 경우도 있고, 인공호흡기 같은 장비가 없거나 준비돼 있어도 이를 운용할 인력이 없는 경우가 많은 거예요. 정부가 준비를 하나도 안 했다는 게 단적으로 드러납니다.

또 지금처럼 확진자가 계속 늘어나면 [상황실이] 민간 대형 병원의 병상도 동원하고 [환자를] 배정하는 역할을 해야 하는데요. 정부가 그 권한을 얼마나 줬는지도 불확실합니다.

감염병 관리법에 따르면 정부가 감염병 전담 병원을 지정할 수 있는데 민간병원을 동원하지는 않고 있었어요. 수도권 전체를 통틀어서 인천의 가천대길병원과 인하대병원, 경기도의 명지병원 정도가 [동원된 민간 병원의] 전부예요. 나머지는 모두 시립 병원과 시·도립 의료원, 그리고 국립대 병원인 서울대병원이 있죠.

게다가 시·도립 의료원의 평소 시설이나 인력을 고려하면 코로나19 중환자의 격리 치료를 맡기는 게 원래 무리예요. 경기도 안성의료원과 인천의료원 원장이 중환자 대응 준비를 하니까 주변에서 무리라는 의견이 많았다는 거예요. 지금은 그거라도 준비를 한 게 얼마나 다행인지 모르죠.

정부가 병상을 확보하겠다고는 했는데 이번 주에 어떻게 하는지 보면 정부의 의지나 준비 상태 등을 확인할 수 있을 것 같네요.

8월 15일을 전후로 감염된 사람들 중에도 이제 중환자가 나오기 시작할 거예요. 더구나 1차 확산 때와 달리 이번에는 고령자가 많죠. 코로나19는 확진 판정을 받은 후 중환자실로 옮겨질 정도로 증상이 악화하기까지 평균 5일 정도 걸린다고 알려져 있어요. 확진자

100명 중 5명은 중증으로 진행하는 것으로 알려져 있고요. 지금 1주일 사이에 2000여 명이 확진됐으니 중환자실이 부족해지는 건 기정사실이라고 봐야 해요.

그런데 삼성·아산 병원은 1차 유행 때 두 곳을 합쳐서 10명도 안 받은 것으로 알고 있어요. 세브란스 병원이 22명 정도를 받았고요. 민간병원에 사회적 역할을 기대한다는 게 그만큼 쉽지 않다는 이야기죠.

Q. 이번 재확산의 원인은 어디에 있다고 보시나요?

많은 사람들이 지적하듯이 정부가 7월 말에 교회 소모임을 허용하는 등 사회적 거리 두기 완화 신호를 준 게 문제였죠. 정부는 코로나19 대응을 위해 확보해 둔 병상에 그냥 일반 환자를 받으라고 했어요. 심지어 [광복절] 연휴 3일을 지정해서 여행 '캠페인'을 벌였죠. 일각에서는 재확산 기세가 꺾였다는 얘기도 하는데 아직은 모르는 일이죠. 연휴에 지방으로 여행 간 사람들이 서로 섞였다가 서울로 돌아왔을 테니 이번 주말까지는 봐야 어떻게 될지 알 수 있을 것 같아요.

지금 방역 당국이 역학조사를 벌이고 있는 곳이 168곳이라는데요. 더 늘고 있는 듯합니다. 여러 곳에 확진자가 생겼고, 새로 발견되는 집단감염 사례도 계속 나오고 있고요. 이러면 역학조사가 바이러스 [전파 속도]를 따라갈 수가 없어요. 그나마 '더블링'[일일 확진자 수가 전날 대비 2배 증가]되지 않는 게 다행이랄까요. 중환자실 부족 문제는 현실화됐죠.

어딘지 밝힐 수는 없지만 5~6월 수도권의 감염 양상을 토대로 수리 예측 모델을 만들었다고 해요. 3개의 모델이 나왔는데, 그중 하나가 8월 15일경 확산돼 11월 초에 피크에 도달한다는 예측도 있었어요. 그런데도 완전히 손 놓고 있었던 거죠. [경증 환자를 수용하기 위한] 생활치료시설도 미리 준비 안 하고 있다가 부랴부랴 동원하기 시작한 걸로 보여요.

정부는 'K-방역'을 자랑하기에 바빴습니다. [코로나19 대응에서] 방역은 질병관리본부를 중심으로, 의료는 국립중앙의료원을 중심으로, 어느 정도 역할 분담이 돼 있어요. 그런데 3~4월 방역에 성공했다고 자화자찬하면서, 의료 쪽에서 드러난 문제들이 다 가려졌어요. 180여 명이 사망한 대구에서의 의료 대응 실패, 사실상 의료 붕괴는 대구시장 탓이 됐고 정부는 K-방역이 성공했다며 자랑만 했죠.

그런데 정작 병상 부족 문제를 준비 안 한 게 이제 와서 드러나고 있어요.

Q. 현재 정부 대응은 충분한가요?

정은경 질병관리본부장이 브리핑에서 "제발 집에 있으라"고 했어요. 이건 역학조사가 한계에 도달했다는 얘기예요. 사실상 3단계 조처에 따라 달라고 한 거죠. 다른 감염병 전문가들도 지금 3단계로 올리라는 성명을 발표했고요.

그런데 대통령이 나서서 '경제적 고려'가 필요하다고 한 거예요. 물론 얼마 전까지 놀러 가라고 하다가 바로 3단계로 격상하는 게 어렵다고 생각하기도 했겠죠. 코로나19가 장기화할 테니 방역과 경제활동 사이에 어느 정도 줄다리기가 필요하기도 할 거고요.

그러나 지금은 전문가들이 방역 쪽을 확실히 강화해야 한다고 얘기하고 있는 상황이에요. 그런데도 망설이고 있는 것은 이 정부가 자본가들의 이윤에 직접 영향을 끼칠까 봐 곤혹스러워하고 있는 걸 보여 주는 거예요. 거리 두기가 3단계로 격상되면 민간 기업들도 필수 인원을 제외하고는 재택근무로 전환해야 하거든요.

그런데 지금 사회의 다른 부분에는 3단계 거리 두기를 요구하면서도, 즉 위험이 현실적이라고 생각하면서도 생산 현장에서 이를 강제하지는 않고 있는 거죠. 공장이나 사무실에서 기업주들의 결정 없이는 거리 두기를 할 수 없잖아요. 정부가 뭘 우선하고 있는지를 보여 주는 거예요.

그러니 방역 당국은 "대유행의 조짐이 보인다", "집에 머물러라", "의료 붕괴가 임박했다" 하는데, 대통령은 "3단계는 아직 안 된다" 하며 또다시 모순된 신호를 주고 있어요.

수준이 크게 다르긴 하지만 미국에서 트럼프 대통령과 [국립알레르기·전염병연구소] 파우치 소장이 거듭 상반된 메시지를 보내는 것과 비슷한 상황으로 가고 있는 거죠.

Q. 대한의사협회와 대한전공의협의회는 진료를 거부하고 있습니다.

정부의 의대 정원 확충 계획이 문제가 많기는 해도 의사들의 파업이나 진료 거부를 지지할 수 없어요. 역사적으로 의사 정원을 늘리자는 것은 일반적으로 진보적 정책이기도 하고요.

의사협회와 전공의협의회 등은 의대 정원을 늘리는 것 자체를 반대하거든요. 그래서 여러 근거를 들어 주장하는 게 한국에 의사가 부족하지 않다는 거예요. "의료 접근성이 좋다" 하며 지역 격차나 경제적 격차도 무시하고요. "의사 1인당 진료 건수가 많다" 하며 [의사

개 부족하지 않다는데 사실 그 진료 건수를 줄여야 해요. '3분 진료' 같은 걸 없애고 다른 나라들처럼 의사들이 시간을 충분히 들여 진료를 해야 해요. 그러려면 의사 수가 늘어야 하죠. 심지어 선진국들도 고령화 때문에 의사 수가 늘어나는 추세예요. 의사협회의 주장과는 달리 지금대로라면 한국이 OECD 평균 의사 수에 도달하는 데 70년이 걸립니다.

게다가 코로나19가 재확산하는 상황에서 의사 수를 늘리지 말라고 파업하는 건 정당화될 수 없어요. 요구 자체가 반反개혁적인 데다 지금은 코로나19 대응에 실질적인 차질을 빚을 수 있는 상황이거든요. 대형 병원들은 벌써 일선 의료진에게 중환자를 더 이상 받지 말라고 하고 있어요.

전공의협의회는 코로나19 진료에 참여하겠다고 하지만 이건 호흡기 외래 진료만 한다는 얘기예요. 중환자실, 응급실 진료를 하지 않겠다는 거죠. 심지어 심폐 소생술도 하지 않겠다고 하고 있어요.

게다가 어쨌든 정부가 한발 물러서서 코로나19 사태가 진정된 뒤에 논의하자고 유보 입장을 밝혔는데도 의사들은 당장 철회하지 않으면 파업을 계속하겠다고 엄포를 놓고 있어요. (정부는 의·정 협의를 하자고 했지만 사실 재논의를 하려면 사회적 협의를 하면서 의사협회가 그중 하나로 참여하면 모를까 왜 의·정 협의만 하나요. 이것도 문제입니다.)

의사협회 지도부가 그동안 취해 온 입장을 보더라도 이번 파업은 평범한 사람들 다수를 위한 것이 아님을 잘 알 수 있습니다.

출처: 장호종 인터뷰·정리, 〈노동자 연대〉 333호(2020-08-26).

코로나19 위험에 방치된 노동자들: 과로로 죽거나 생계를 잃거나

2월 27일 전주시 공무원이 코로나19 관련 업무로 과로사한 데 이어, 3월 2일 성주군청에서도 46세 노동자가 피로 누적으로 쓰러져 중태에 빠졌다. 보건소 노동자들은 이미 1월부터 수원, 포항 등 곳곳에서 쓰러졌다. "내가 쉬면 다른 직원들이 고생한다"며 퇴원하자마자 사무실로 출근했다는, 미담인지 괴담인지 모를 얘기도 계속 나온다.

대통령 문재인은 한 달 전 보건소를 방문해 "방역하는 분들의 과로가 걱정돼 마음이 아프고 조마조마하다"며 "장기적인 인력 수급이 이뤄져야 할 것 같다"고 했다. 그러나 말에 뒤따르는 인력 충원은 없었다. 2017년 말 포항 지진을 수습하는 과정에서도, 2019년 강원도 산불에 대처하는 과정에서도 과로사하는 일선 공무원들이 나왔지만 아직도 국가적 재난에 대처하기 위한 인력은 태부족이다.

강도 높은 노동과 수면 부족, 높은 긴장감은 병원 노동자들을 실질적으로 위협한다. 이 노동자들 사이에서는 "바이러스보다 과로사가 더 두렵다"는 말까지 나온다. 과로는 면역력도 저하시키는데, 환자와 계속 접촉하는 병원 노동자들에게는 물론이고 방역에도 커다란 위험이다. 부족한 인력과 폭주하는 상담에 고통받는 공공 기관 콜센터 노동자, 초·중·고 개학 연기로 학생 안전에 관한 모든 것을 떠안게 된 돌봄전담사 등도 과중한 업무에 고통을 호소한다.

한편, 정부가 연일 "외출 자제"를 권고하는 상황에서도 감염 위험에 노출된 채 곳곳을 누벼야 하는 노동자들이 있다. 뜻밖의 활황을 누리는 온라인 배달·택배 업계 노동자들이다. 우체국 위탁 택배 등에 종사하는 대부분이 특수고용직이거나 플랫폼 노동자들이라서 근로기준법에 따른 유급휴가를 보장받지 못한다. 이 노동자들은 마스크나 손 세정제 등 방역 물품을 충분히 지급받지 못한 상황에서 수많은 물건을 만지고 긴 거리를 이동하며 많은 사람을 대면해야 한다. 마스크를 배송하면서도 정작 자신은 마스크를 구하지 못하는 아이러니한 상황도 벌어진다. 자가 격리자가 있을지도 모르는 집을 가가호호 방문해야 하는 상황은 더 큰 문제다.

집 안으로 들어가 케이블이나 정수기 등을 설치해야 하는 노동자들도 비슷하다. 업체 측은 '알아서 조심하라'는 지침만 내릴 뿐 고객 접수를 직접 통제하지 않음으로써 문제를 방치하고 있다. KT에서는 직원들을 반씩 나눠 순환 재택근무를 시행하겠다고 발표해 놓고 실제로는 대부분을, 그것도 영업이나 케이블 설치·보수 등 고객을 대면하는 노동자들을 대상에서 제외했다. 노동자들은 혹시라도 자신이 '슈퍼 전파자'가 될까 봐 노심초사한다. 이는 노동자 자신의 안전뿐 아니라 대중 방역 체계도 위협하는 일이다.

그러나 정부는 문제를 해결하기는커녕 한술 더 떴다. 법무부가 자가 격리자들에게 보낼 출국 제한 통지서를 집배 노동자들의 손에

쥐여 등기 우편물로 보낸 것이다. 등기 우편물은 반드시 본인에게 전달하고 서명까지 받아야 한다. 실제로 대구 집배 노동자들은 1명당 10~30명의 자가 격리자들을 이런 식으로 대면 접촉해야 했다. 법무부는 항의가 빗발치자 부랴부랴 비대면 전달로 방식을 바꿨다.

반면, 정부는 재계의 고충에는 누구보다 빠르게 반응하고 있다. 정부는 1월 말부터 주 52시간제를 무력화하는 특별연장근로 인가 사유 확대를 시행했다. 인명 보호나 재난 대처 상황뿐 아니라 업무량 증가 등 기업주의 경영상 사유에 의해서도 장시간 노동을 시킬 수 있게 한 개악이었다.

그런데 까마귀 날자 배 떨어지듯, 이 개악 시행과 코로나19 사태가 겹쳤다. 정부는 코로나19 대책 중 하나로 특별연장근로의 적극적 허용을 홍보했다. 그 결과 2월 22일 현재 특별연장근로 144건이 인가됐다. 이 중 22건은 중국 공장 가동 중단 때문에 국내 생산 물량이 증가한 데 따른 '경영상 사유'로, 재난 대처와 상관이 없고 이번 개악이 없었다면 허용되지 않았을 연장근로다. 나머지는 대부분 방역·검역 업무 또는 마스크나 손 세정제 생산과 관련된 것이다. 해당 업체 노동자들은 기존보다 주당 12~16시간이나 더 일하고 있다.

물론 비상 상황이라는 점을 고려하지 않을 수는 없다. 그러나 이 경우조차 근본에서는 고용을 늘리는 것이 옳다. 그것이 해당 부문 노동자에게든 마스크가 없어 쩔쩔매는 대중에게든 이익일 것이다. 그러나 정부는 기업주만 웃을 일을 선택했다.

한쪽에 이렇게 장시간 노동으로 고통받는 노동자들이 있다면, 다른 한쪽에는 돈벌이를 잃어서 고통받는 노동자들이 있다. 고용노동부는 '코로나19 확산 방지를 위한 사업장 대응 지침'에서 사업주 판단으로 노동자를 출근시키지 않거나 휴업하는 경우 휴업수당을 지급해야 한다고 말했다. 그러나 현실에서 노동자들은 연차 소진, 무급휴가, 임금 반납·기부(삭감), 해고 등을 강요당한다. 요식업, 병원, 호텔, 항공사 등에서 매출 급감에 따른 비용이 노동자들에게 전가되기 때문이다.

이스타항공과 아시아나항공 노동자들은 임금이 25~33퍼센트 삭감됐다. 시간당 임금을 받는 방과후학교 강사들이나 급식 조리사 노동자들은 개학이 늦춰지면서 수입이 갑자기 사라졌지만 하소연할 곳도 없다. 정부가 운영하는 휴양·복지 시설조차 폐쇄된 시설의 계약직 노동자를 갑자기 자르거나 자가 격리 시 무급휴가를 강요했다. 요컨대 정부의 코로나19 대책에는 노동 존중이 없다. 오히려 반대로 노동자를 혹사하고 희생시키면서 정부가 져야 할 책임을 전가하고 있다.

코로나19 확산을 잠재울 수 있는 "잠시 멈춤"이 진짜로 가능하려면 유급 휴업과 생계 보장 대책이 실질적이고 강제력 있게 뒷받침돼야 한다. 비상 상황에서 위험을 감수하고 일하는 노동자들을 위해서는 충분한 인력 충원과 물품, 안전 대책이 보장돼야 한다. 근본에서는 공공의료를 대폭 확충해야 한다. 그러나 이런 조처들에 공적 투자 증대와 기업주들의 돈벌이 중단이 필요하다는 사실 때문에 정부는 한사코 이런 선택을 피한다.

자본주의하에서는 재난에 충분히 잘 대처하는 것과 그 과정에 참여하는 노동자의 안전·권리를 보장하는 일이 좀처럼 조화하지 못하고 충돌한다. 인력과 비용을 최대한 절감해야 한다는 이윤 우선 논리가 끼어들기 때문이다. 정부는 신천지 마녀사냥으로 우리의 시선을 돌리려 한다. 그러나 코로나19 사태가 보여 준 진실은 이윤 우선 논리가 엄청나게 불합리하다는 것이고, 그 논리를 지키려는 정부가 노동자·대중의 생명을 지키는 데서 처참하게 실패하고 있다는 것이다.

출처: 김승주, 〈노동자 연대〉 315호(2020-03-04).

감염 대처와 민생고 해결에 턱없이 부족한 추경

3월 4일 국무회의에서 코로나19 대처를 위한 추가경정예산안(추경)이 통과돼, 국회 통과를 앞두고 있다. 정부는 11조 7000억 원의 추경안을 냈다. 이번 추경을 앞두고 "역대급", "특단의 대책" 등 화려한 수식어가 붙었지만 실상 그 규모는 과거 메르스 때(11조 6000억 원)와 비슷한 수준이다. 신자유주의적 균형재정 논리 때문에 정부가 말만큼 과감한 대책을 내지는 못했기 때문이다.

우파들은 국가 부채가 늘어난다며 호들갑을 떤다. 그러나 이번 추경을 포함해도 한국의 국가채무비율은 OECD 평균(110퍼센트)의 절반이 안 된다. 역대 정부들은 이제까지 사실상 긴축정책을 펴며 노동자들에게 내핍을 강요해 왔고, 문재인 정부도 마찬가지였다.

이번 추경은 그 내용 면에서도 평범한 사람들이 분노할 만하다. 감염병 대처에는 2조 3000억 원이 배정됐다. 그중 가장 많은 금액(7500억 원)은 코로나19로 피해를 본 민간 의료 기관의 손실을 보상하고 경영 안정화를 위한 자금을 지원하는 데 쓰인다.

그런데 국가 지정 입원 치료 병상에 음압병실을 확충하는 데는 300억 원만 배정됐다. 이에 따라 음압병실을 겨우 120병실만 확대하겠다고 한다. 대구에는 음압병상을 15개 확충하겠다고 했다. 3000여 명이 확진 판정을 받고도 병실을 구하지 못해 집에서 대기하고 그중 일부가 사망하는 일이 벌어진 상황에서 정말이지 어처구니가 없다. 대구 주민들이 가슴을 칠 만한 일이다.

생활고에 시달리는 노동자·서민 지원책도 부족하기는 마찬가지이다. 현재 많은 노동자들이 코로나19 사태로 무급 휴직, 임금 삭감, 고용 불안 등 심각한 경제난을 겪고 있다. 방학에는 임금 지급을 받지 못하는 학교 비정규직 노동자들은 방학이 연장되면서 "넉 달째 무임금에 쓰러질 위기"라고 기자회견을 하기도 했다. 이들 외에도 임시 일용직 노동자, 대리운전 노동자 같은 특수고용 노동자, 학원 강사 등 많은 노동자들이 줄어든 수입 때문에 그야말로 생계가 막막한 상황이다.

그런데 이런 노동자들에 대한 제대로 된 지원책은 찾아볼 수 없다. 기업주에게 지원금을 주고 기업주가 노동자에게 고통을 덜 전가하기를 바라는 수준의 정책이 있을 뿐이다. 예를 들어 최저임금 수준의 저임금 노동자를 계속 고용하는 영세사업장 사업주에게 노동자 1인당 7만 원씩 4개월간 임금을 보조하겠다고 한다. 그러나 노동자를 해고하려던 사용자가 1인당 7만 원의 지원금 때문에 해고를 그만둘까? 해고 계획이 없는 사용자에게 지원된 7만 원이 노동자들에게 돌아갈까? 결국 이 쥐꼬리만 한 돈조차 사장들의 주머니로 들어가기 십상일 것이다.

유치원, 학교 등의 개강이 늦춰져 육아 부담이 큰데 아이를 돌보는 가정의 만 7세 미만 아동수당 대상자에게 지역사랑상품권을 1인당 10만 원씩 4개월치를 주겠다고 한다. 생계·의료·주거·교육 급여를 받는 저소득층에게는 월 17만~22만 원의 소비쿠폰을 4개월 동안 주겠다고 한다. 이는 필요한 것이지만 무료 급식소 등이 문을 닫으며 저소득층의 고통이 심각한 상황에서 여전히 너무 부족하다. 그런데도 미래통합당 정치인들은 이조차 선심성 예산이라며 국회에서 삭감하겠다고 눈에 불을 켜고 있다.

이처럼 노동자·서민 지원에는 인색한 정부가 지난 2월 28일 발표했던 코로나19 민생·경제 종합 대책에서 수출 기업 지원을 위한 무역금융에는 3조 1000억 원을 추가해 총 260조 3000억 원을 지원하겠다고 했다. 건설 경기 부양을 위해 수십조 원의 사회간접자본 사업을 민자 사업으로 추진하고 있기도 하다.

결국 이번 추경에서도 정부와 우파 정치인들의 정신 나간 우선순위의 문제를 볼 수 있다. 시장 논리를 우선해 마스크 대란을 만든 것처럼, 사람들이 죽어 가고 있는데도 이윤 체제 살리기를 우선하느라 노동자·서민을 위한 진정한 대책은 취하지 않고 있다. 그러니 개혁을 표방했던 사이비 개혁 정당 민주당의 지지율이 떨어지는 것은 당연한 일이다. 노동자·서민을 위한 진정한 대책을 위해서는 민주당 정부에게서 독립적인 정치와 투쟁이 중요하다.

출처: 정선영, 〈노동자 연대〉 315호(2020-03-06).

신천지에 책임 전가 말고
정말 필요한 조처 단행하라

3월 2일 현재 코로나19 확진 환자가 4300명이 넘었다. 사망자가 20명을 넘고 특히 자가 격리 상태에서 사망한 환자들이 늘면서 두려움도 커지고 있다. 병상과 의료 인력이 환자 증가세를 따라잡지 못하면서 갈수록 많은 사람들이 방치되는 악순환이 벌어지고 있는 것이다. 경증과 중증을 구분해 대처하는 것도 절대적 병상 부족 때문에 별 의미가 없는 상황이다.

급기야 대구시장은 정부에 긴급명령을 발동해서라도 병상을 확보해 달라고 호소했다. 국립대병원장들은 환자를 다른 도시로 옮겨서라도 치료하기로 결정했다. 국립대병원장들은 사립 대학병원들에도 치료를 분담해 달라고 요청했다. 실행으로 옮겨질지는 두고 봐야 하겠지만 늦게나마 이런 결정이 내려진 것은 다행이다.

다만, 이토록 당연하고 간단한 조처를 여태 취하지 않아 2000여 명이 두려움 속에 방치되고 그중 일부가 죽어 간 데 대한 책임은 정부가 져야 할 것이다. 감염자를 찾아내는 속도에 비춰 보면 전파를 막고 환자를 돌보기 위한 조처는 더디다 못해 한심한 수준이다. 이처럼 감염자의 규모는 기하급수적으로 늘어나는데, 적절한 대응이 이뤄지지 않자 불신과 불만이 커지고 있다.

그러자 정부·여당과 친정부 언론들은 집단감염이 일어난 신천지 교회에 책임을 떠넘기려 해 왔다. 특히, 총선이 다가오는 상황에서 여당 지지율이 하락하자 일부는 신경질적으로 반응하며 마녀사냥까지 자행하고 있다. 박원순 서울시장의 이만희 살인죄 고발은 가장 두드러진 사례다. 문재인 정부가 앞서 언급한 국립대병원의 대응을 진작 명령하지 않은 것도 총선을 앞둔 눈치 보기 때문이었던 듯하다. 우한 교민을 국내로 이송했을 때처럼 지역 주민들이 반발하면 총선에 불리해질 것이기 때문이다.

물론 지금까지 발표된 확진자 통계를 보면 신천지 교회가 이번 코로나19 확산의 주요 매개 고리가 된 것은 사실로 보인다. 무엇보다 신천지 교회 측이 정부의 방역에 협조하지 않은 점이 많은 이들에게 반감을 불렀다. 방역의 타이밍을 놓치게 만들기 때문이다.

그러나 정부의 책임 회피성 신천지 교회 비난은 합리적 비판을 넘어 이 교회 신자들에 대한 온갖 편견을 불러일으키는 데로 나아가고 있다. 신천지 교회를 '이단'으로 배척하던 이들도 이 틈에 비난 대열에 동참해, 정말이지 이 교회에서 코로나19가 시작된 것 같은 착각마저 일으킬 정도다.

신천지 교회 신자들은 이번 감염병 확산의 피해자이지 가해자가 아니다. 치명률은 낮지만 전염력이 높은 사스-코로나바이러스-2의 특징과 한중 교류 수준, 초기의 불확실성 등을 고려하면 중간 매개 고리는 신천지 교회가 아니라 어디라도 될 수 있었다(우연은 필연이 현실화되는 것을 매개하는 변수일 뿐이다).

중앙방역대책본부는 신천지 교회 신자들이 코로나19의 발원지로 알려진 중국 우한 지역을 방문했다고 발표했다. 우한이 봉쇄된 것이 1월 23일이므로 그 전에 빠져나온 것으로 보인다. 다만, 그 교회 신자들 사이에서 감염률이 이례적으로 높았던 것은 상대적으로 모임이 잦고 실내 밀접 접촉 횟수도 많았기 때문인 것으로 보인다.

그러나 이 시기에 국내에서 코로나19에 대한 경계 수준은 정부든 아니든 그다지 높지 않았다. 1월 23일 기준으로 국내 확진자는 우한에서 온 중국인 한 명뿐이었다. 체계적 방역이 이뤄지지 않는 상황에서 감염이 빠르게 확산된 것은 인종, 종교 등 문화적 특징과는 아무 관계 없다.

지금까지 중국에서는 무려 8만여 명이 감염되고 2000여 명이 사망했다. 확산세는 조금 가라앉고 있지만 여전히 매일 수백 명씩 확진자가 늘어나고 있다. 이탈리아와 이란에서도 확진자가 1000명을 넘고 수십 명이 사망했다. 프랑스와 독일에서도 확진자가 100명을 넘어섰다. 미국에서도 확진자가 늘고 사망자가 나오면서 세계보건기구도 조만간 팬데믹을 선언할 가능성이 크다는 전망이 나오고 있다. 4000명이 넘는 국내 확진자 중에서도 40퍼센트가량은 신천지 교회와 관계가 없다.

게다가 2월 중순에는 문재인 대통령 자신이 나서서 코로나19가 "머지않아 종식될 것"이라며 재벌 총수들과 간담회를 했다. 홍남기 부총리는 경제에 악영향이 없도록 "정상적인 경제활동을 해 달라"고 촉구했다. 무증상 전파자(감염자)가 존재한다는 우려가 제기됐지만 그럴 가능성은 낮다고 우려를 일축한 것도 정부다. 그러니 '신천지'라는 단어를 다른 어떤 단체 이름으로 바꿔도 대규모 감염으로 이어질 조건은 충분히 갖춰져 있었던 셈이다.

그런데도 법무부는 지난해 7월부터 8개월간 우한에서 한국으로 입국한 신천지 교회 신자가 42명이라고 밝혔다. 바이러스가 중국에서 처음 발견된 시기는 11월 말에서 12월 초였다. 따라서 법무부가 굳이 지난해 여름까지 거슬러 올라가는 수치를 발표한 것은 국내 코로나19 유행의 책임이 신천지에게 있다는 인상을 주려는 것으로밖에 보이지 않는다.

결국 정부가 신천지 책임론을 부각시키는 것은 여론을 그리 몰고 가 정부의 명백한 실패를 가리고 그 책임을 떠넘기려는 처사다. 오히려 정부가 신천지 교회 신자들의 피해에 대해 사과해야 할 상황이다. 무엇보다 처음부터 책임을 떠넘기려는 의도가 뻔히 보인 신천지 비난은 안 그래도 '이단' 비난에 시달려 온 신자들이 정부의 방역 조사를 기피하게 만들었을 것이다.

중국발 입국을 전면 차단해야 했다는 우파 야당도 기만적이고 위선적이긴 마찬가지다. 중국은 한국의 최대 수출국이자 핵심 산업과 생필품 유통까지 연결돼 있는데, 그런 중국 정부와의 관계를 생각하면 미래통합당이 집권당이었어도 중국에 대한 전면 입국 차단은 하지 못했을 것이다.

게다가 우한 지역을 제외하고는 다른 지역에서 입국한 사람이 바이러스를 전파한 사례는 아직 없다. 있다고 하더라도 감염병 확산의 원인을 발원지의 문제로 환원하는 것은 문제 해결에 별 도움이 안 될 뿐 아니라 적절한 진단도 아니다.

책임 회피를 위한 속죄양 만들기에 열을 올리는 것은 또한 문재인 정부가 확진자를 입원시킬 병상조차 마련하지 못하고 있는 한심한 상황을 모면하기 위한 것으로 보인다. 해소되지 않는 마스크 대란이 이를 잘 보여 준다. 유전자 검사를 매일 수천 건씩 해내는 나라에서 마스크 다섯 장을 사기 위해 3시간씩 줄을 서야 하는 하는 광경은 투자의 우선순위가 어디에 있는지 단적으로 보여 준다.

문재인 정부 들어서도 공공병원은 하나도 늘어나지 않은 반면 유전자 검사 등 규제는 기업 이윤을 위해 하나둘씩 완화돼 왔다. 이런 규제 완화 정책들은 이명박근혜 시절에도 추진돼 온 것들인데, 문재인 정부에서 실제로 이행되고 있다. 이 와중에 민주당이 발표한 총선 공약에도 공공병원 확충 계획은 없다.

진단 기술이 갈수록 발전하는 반면에 치료와 예방 기술이 이를 따라잡지 못하는 것은 오늘날 자본주의 의료 체계의 특징이기도 하다. 진단 시스템은 상시적으로 가동돼야 하므로 투자자들에게 즉각적 이윤을 보장하는 경우가 많다. 병에 걸린 것으로 의심되는 사람뿐 아니라 병에 걸리지 않은 사람도 잠재적 소비자이므로 시장도 넓다. 반면, 치료와 예방 기술의 경우 그 대상이 누구인지에 따라 투자 대비 이윤 획득 가능성이 불투명한 경우도 많다. 만성 질환 등 노인성 질병에 대한 연구 개발 투자가 극도로 더딘 것도 이 때문이다.

이런 이유로 21세기 들어서도 감염병에 대처하는 수단은 19세기에 개발된 기술들(격리 등)에서 크게 발전하지 않고 있다. 백신 개발을 위한 상시적 연구·개발은 민간 제약회사들에 맡겨져 이윤 논리에 휘둘리고 이번 같은 감염병 사태로 정부가 백신 개발을 지원해도 그 특허권은 민간 기업들에 넘어가고는 한다.

많은 이들이 지적하듯이 21세기 들어 잦아지고 있는 신종 감염병의 등장은 자본주의 체제가 낳은 생태 훼손 문제 중 하나다. 그리고 자본주의 사회에서 질병의 예방과 치료에 지속적으로 투자할 수 있는 주체는 오로지 정부(국가)밖에 없다. 많은 이들이 바라 온 것처럼, 문재인 정부가 하다못해 자신이 약속한 만큼이라도 공공의료에 투자했다면 이처럼 한심한 상황이 벌어지지는 않았을 것이다.

최근 중국 연구진이 〈JAMA〉(미국의사협회저널)에 기고한 통계 결과를 보면 중국에서 확진자 감소에 가장 큰 구실을 한 것은 춘절 휴가(와 휴가 연장 조처)였던 것으로 보인다. 정부가 사회 활동을 어느 정도 정지시키지 않는 한 '물리적 거리 두기'가 효과를 보기 어렵다는 것은 수많은 공중보건 연구자들이 지적해 온 바다. 직장에 출근해야 하는 대도시 노동계급 사람들이 어떻게 2미터 이내 접촉을 피할 수 있겠는가.

문재인 정부도 이를 잘 알고 있다. 유·초·중·고 개학을 3주나 미룬 이유일 것이다. 그러나 한사코 휴업 조처는 피하고 있다. 당장 개학을 미룬 아이들을 돌봐야 하는 문제도 있는데 말이다. 기업 이윤에 해를 끼치는 것만은 피하려 하기 때문일 것이다. 지금 비판받아야 할 대상은 신천지 교회 신자도 중국인도 아닌 이윤 체제와 그 체제의 수혜자이자 조력자인 정부다. 문재인 정부 자신이 이를 잘 보여 주고 있다.

출처: 장호종, 〈노동자 연대〉 315호(2020-03-02).

정부 책임론에서 시선 돌리려
신천지를 속죄양 삼다

문재인 정부가 코로나19 방역에 실패한 것이 갈수록 분명해지고 있다. 이는 여론조사 지표로도 반영되고 있다. 체감으로도 총선 전망이 어두워지고 있다. 코로나19 대응 실패는 경제 위기와도 결합되고 있어 문재인 정부에게는 이중·삼중의 위기로 번지고 있다. SNS와 인터넷 뉴스 댓글란에는 사기가 오른 우파들의 활동이 활발해진 것이 눈에 띈다. 2~3년 전에는 (드루킹 등이 앞장섰을) 친문 댓글들이 채웠던 공간이다.

청와대가 앞장서서 신천지 책임론을 필사적으로 펼치는 이유다. 청와대는 3월 3일 비공개 국무회의에서 신천지에 대해 "더 극명한 조치를 취해야 한다"고 주문했다 한다. 이미 2월 말 법무부 장관 추미애는 신천지 압수수색을 실시하라고 지시했다. 3월 1일 박원순 서울시장은 살인 혐의 등으로 신천지 교회 지도부를 검찰 고발하고 신천지 교회의 법인 취소 방침 등도 발표했다.

정부는 4일 신천지 관련자가 전체 확진자의 93퍼센트라며 신천지 대책을 강조했다. 그러나 이 대책들은 바로 하루 전날 중앙재난안전 대책본부(중대본)가 밝힌 방침에 혼선을 주는 것이다.

　중대본은 신천지 신도에 대한 검사는 거의 다 마쳤다며 코로나19 감염 진단 검사의 우선순위를 "일반 시민"으로 옮기겠다고 발표했다. 중대본 발표를 보면, 현재까지 대구 지역 확진자의 절반이 신천지 신도이며 이는 대구 신천지 신도의 3분의 1가량이다. 이는 신천지 신도들이 (지도부의 오판과 부주의로) 중간 감염 전파 매개 구실도 했지만, 기본적으로는 그들 자신이 집단감염 피해 집단임을 보여 준다.

　현재를 기준으로 감염자 중 신천지 관련자 비율이 높은 것은 거의 2주간 신천지 신도 검사에 집중했기 때문이다. 가뜩이나 (투자 미비와 공약 미이행으로) 의료 인력과 시설이 부족한 상태에서 신천지에 집중하다 보니, 억울한 피해자도 발생했다. 2월 27일 대구에서 한 감염 의심 환자가 신천지 신도가 아니라는 이유로 검사 등에서 계속 뒤로 밀리다가 확진 직후 입원도 못 하고 사망한 것이다.

　중대본은 신천지가 신도 명단을 제공해 검사 협조가 원활하게 이뤄졌다고 밝혀 왔다. 질병관리본부도 신천지를 범죄 집단화하는 것이 오히려 그들을 음지로 몰아 방역에 방해된다는 의견을 피력한 바 있다.

　2월 24일 신천지 교회 시설에 강제 진입해 신도 명단을 확보했던 민주당 소속 이재명 경기도지사조차 검찰 고발을 거부했다. "필요한 신도 명단은 모두 입수해 조사까지 거의 마친 상태이[고] … [신천지 측이 적극] 협조 중인데 고발을 하면 적대 관계를 조성해 방역 공조에 장애가 될 수 있다."(3월 1일)

　방역 전문가들이 방역의 초점을 신천지에서 다시 사회 전체로 돌리자는 상황에서 오히려 컨트롤 타워 구실을 해야 할 중앙정부가 혼선을 일으킬 방침을 거듭 밝히고 있는 것이다. 총선 위기감 때문에 말이다. 신천지 책임론은 대중의 시선을 정권의 잘못에서 돌릴 뿐 아니라, 진정한 재난·안전 대책에 대한 논의의 발전에도 방해되고 있다.

출처: 김문성, 〈노동자 연대〉 315호(2020-03-04).

신천지 '이단' 운운이
정치적 진보파에도 의미 있나?

신천지는 정부·여당의 여론 몰이 때문에 코로나19 감염 확산에 책임이 있다고 뭇매를 맞고 있다. 물론 그 종교 단체가 대구·경북 지역에서 코로나19 확산과 상당 부분 상관있는 것은 아무도 부인할 수 없는 사실이다(다른 지역에서는 상관관계가 전혀 높지 않다).

하지만 인과관계와 상관관계를 구별해야 한다. 전기 스위치를 켜면 전등이 켜진다. 그렇다고 점등의 원인이 스위치라고 할 수는 없다. 점등의 원인은 전기(전기 에너지)이고, 스위치는 전기회로를 이었다 끊었다 하는 장치일 뿐이다.

코로나19의 원인은 '사스-코로나바이러스-2'이고 이 바이러스가 생겨난 직접적 원인은 정확히는 알 수 없다. 형태로 보아 모종의 실험실에서 인위적으로 만들어진 듯하다는 추정도 있지만 아직 추정일 뿐이다.

분명한 것은 사스-코로나바이러스-2를 생겨나게 한 본질적인 원인이 있다는 것이다. 바로 자본주의 시스템이 생태계를 함부로 건드린다는 것이다. 그리고 자본주의 정부와 기업이 이윤과 권력을 보호하기 위해 감염 확산 저지에 꼭 필요한 조처들을 취하길 꺼린다는 것이다.

그러므로 신천지 교회가 일부 지역에서 감염 확산을 촉진시켰다는 게 사실일지라도 그들에게 책임이 있는 것은 아니다. 다른 어느 대규모 옥내집회도 그럴 수 있(었)을 것이다. 천안에서 댄스 교습소 집단감염 사례가 보여 주듯이 말이다. 그뿐 아니라 훨씬 중요한, 본질적인 점이 있다. 감염된 그 신도들도 피해자라는 사실이다. 사스-코로나바이러스-2의 피해자이자 그 감염증을 생성시킨 자본주의의 환경 파괴가 만들어 낸 피해자인 것이다.

그런데 신천지는 어떻게 정부·여당과 친여권 언론의 손쉬운 속죄양이 됐을까? 처음 그리스도인들도 유대교의 한 '이단' 종파였음을 기억하지 못하는 '정통' 그리스도교 전체가 신천지를 '이단'으로 규정한 것이 이런 일을 용이하게 만들었다. 요컨대 그 종파의 신념(교리) 때문에 그들은 쉽사리 일부 권력자들의 마녀사냥을 당하고 있는 것이다. 약자나 '특이한' 존재가 속죄양이 되기가 쉽다.

그러나 정치적 진보파들이 '이단', '컬트' 운운하는 것은 옳지 않다. 게다가 이단이나 컬트를 비도덕적인 것과 동일시하는 것은 더욱 틀린 생각이다. 소위 '정통파'들이 신천지를 '이단'이라고 규정하고 매도하는 쟁점은 주로 다음 세 분야에 관한 것이다. 예수의 천국 비유에 대한 해석('비유풀이'), 시대별로 배도자-멸망자-구원자가 있다는 구원론, 요한묵시록(계시록)을 둘러싼 해석('실상' 교리). 이런 밀교적 쟁점들을 둘러싼 정통/이단 논쟁이 정치적 진보파들에게 도대체 무슨 의미가 있는가.

말이 나온 김에 덧붙이자면, 오늘날의 소위 '정통주의자'들은 자기들끼리도 예수의 비유를 놓고 해석이 분분하고, '구원론'(특히, 믿음과 행위의 관계 문제, 속죄의 성격 문제 등)을 놓고도 마찬가지이고, 요한묵시록의 난해하기로 악명 높은 은유와 상징에 대한 해석을 놓고서는 말 그대로 중구난방이다.

그리고 예수의 신성과 인성을 모두 인정해야 한다면서도 실제로는 그의 신성을 강조하는 '정통파'의 주장은, 진정한 정통(니케아 공의회부터 칼케돈 공의회에 이르는 서기 4~5세기에 결정된)에 비춰 보면 완전히 비정통적이다. 그러므로 신천지 공격에 열을 올리는 정통파들은 예수의 신성을 상징하는 그의 처녀 탄생이나 부활에 대해 사실상 침묵하거나 구렁이 담 넘어가듯이 슬그머니 얼버무려 버리는 다수 그리스도인들을 문제 삼고 비난하는 게 정직할 것이다. 신천지를 비난하기보다는 말이다.

게다가 '정통'을 자처하는 자들 사이에서도 '이단' 시비가 잦다. 변승우 목사라는 사람은 '이단'의 괴수처럼 취급받다가 '이단' 해제 판정을 받고 한국기독교총연합회(한기총)에 가입할 수 있었다. 그런데 문재인 정부에 반대하는 우익 집회를 주도하는 전광훈 한기총 대표회장이라는 자가 변승우 목사의 가입을 허용할 때 그 대가로 수억 원의 뇌물을 받은 혐의가 포착돼, 보수 개신교계가 시끄럽다고 한다.

몇 년 전에는 최삼경 목사라는 사람이 주도해 소위 정통파들이 몇몇 종파들의 삼위일체론을 문제 삼아 한동안 신나게 '이단' 낙인 찍기를 자행했는데, 그 최삼경 목사 자신이 삼위일체에 대한 '이단적' 사상을 갖고 있는 것이 드러나, 정통파들의 체면이 구겨진 일도 있었다.

1970년대까지 조용기 순복음교회 목사는 '이단' 취급을 받았다.

그러나 그의 교회가 세계 최대 교회로까지 급성장하자 그를 둘러싼 이단 시비는 슬그머니 자취를 감췄다. 하지만 보수 개신교계에서는 치유나 예언 등의 기적이 아직도 있을 수 있느냐 하는 문제를 둘러싼 논쟁이 여전히 치열하다. 서로 '이단'이라고 부르면서 말이다.

'이단' 사냥꾼들은 신천지 교주 이만희 개인에 대한 숭배도 뒤섞어서 비판하는데, 이것도 별 설득력이 없다. 가톨릭 교회의 교황 무오류설은 어떤가? 개신교 '정통'은 그 대안으로 성경 무오류설을 내놓았지만, 그 실천적 결과는 성경의 수많은 모순된 구절들을 그럴듯하게 조화시켜 설교하는 많은 메가처치 담임목사 개인에 대한 숭배였다. 물론 이 '개인숭배'는 때로 파산해 살벌한 교회 분열을 낳지만, 또 다른 목회자 개인을 숭배하는 것으로 끝나기 일쑤다.

신천지의 교리보다는 특정 정치 세력과의 연계를 문제 삼는 속죄양 삼기도 진보 언론들 사이에서 유행이다. 이만희가 박근혜 손목시계를 차고 대국민 사과 큰절을 했다는 것인데, 그렇다고 신천지의 그 많은 청년 신도들을 박근혜 지지자들로 여겨서는 안 될 것이다. 이들이 신천지로 이끌렸던 것은 신천지가 개신교의 부패한 지도적 목사들과 그 기구(한기총 같은)를 신랄하게 비판한 사실과 상당 부분 관계있다. 거의 모든 종교 단체 지도자들이 매우 보수적인 반면 일부 청년 신도들은 기성 사회에 반감을 느끼고 있다는 일반적인 현상에 비춰 보면, 신천지도 그럴 수 있다는 것이 그다지 놀랄 일은 아닐 것이다.

장기 불황으로 고통받고 좌절한 수많은 요즘 청년들 가운데 일부가 소속감과 연대감을 느끼게 해 주는 독특한 종교 단체에 이끌릴 수 있다는 것은 조금치도 이상하지 않다. 그다지 큰 문제도 아니다.

서구처럼 파시즘 정당이나 다른 인종차별적 극우 정당에 이끌리는 것보다야 훨씬 낫지 않은가. 진보계의 청년 활동가들은 낯선 종교 단체에 끌리는 동료 청년들을 깔보는 듯한 태도나 가르치려 드는 태도로 대해서는 안 될 것이다.

어떤 종교든 외부인과의 경계가 명확하고 엄격한 종파들과 그렇지 않고 느슨한 종파들이 포함돼 있다. 엄격한 종파의 신도들은 조직의 내부인과 외부인에 대한 확고한 이해를 갖고 있다. 이런 종파에 소속되려면 특정 교리들을 주저함 없이 고수해야 한다. 그리고 특정 행사와 활동에 참여해야 한다. 그런 믿음을 갖고 그런 활동을 하는 사람들은 '구원'받은 내부인들이고, 그러지 않는 사람들은 '길 잃은' 외부인들이다.

이런 엄격한 형태의 자기인식은 가령 온건한 장로교인들의 자기인식과는 대조된다. 이들은 자기들이 신의 예정에 따라 선택됐다고 생각하기는 할 테지만, 오직 자기들만이 선택됐으므로 자기네 교회를 떠나 예컨대 감리교회로 이적한 사람은 용서받을 수 없는 죄를 범한 것이라고는 생각하지 않을 것이다.

모든 사회집단과 그 성원은 자기인식을 갖고 있어서, 경계(바운더리)가 없을 수는 없다. 시초 그리스도인들도 다른 유대인들과 관련해, 또 그리스-로마 토속신앙인들과 관련해서도 그들 나름의 자기인식을 가졌다.

그런데 외부인(비기독교 유대인과 그리스-로마 토속신앙인)들이 기독교 내부인들의 신념과 실천에 적대적이 돼 가고 시초 그리스도인들의 자기인식도 더 융통성 없어져 감에 따라 심한 갈등이 벌어졌다(가령 신약성경에 포함된 요한서신들과 히브리서와 베드로전서를 보라).

이런 심한 갈등은 시초 그리스도인 공동체 내부로도 내면화돼, 입회(개종) 절차나 교리, 신앙 훈련 등도 엄격해지게 된다(가령 신약성경의 유다서와 베드로후서를 보라). 그리고 외부 세계에 대해 더욱 방어적 태도를 보이게 된다.

이와 비슷하게, 지난 10년간 신천지가 구축한 자기방어와 자기인식은 기독교(개신교와 천주교 모두)와의 갈등 속에서 형성됐다. 이 갈등은 갈수록 심해졌고, 이제는 정부·여당과 친여권 언론이라는 정치 세력까지 (코로나19 감염 확산 책임 전가를 위한 속죄양 삼기와 마녀사냥을 위해) 여기에 가세했다.

이런 상황에서 정치적 진보파 활동가까지 신천지 공격에 가세하면, 기성 종교의 무능과 부패, 독선에 식상해 신천지에서 종교적 위로와 소속감, 유대감을 찾는 청년들을 내치고 자칫 그들을 보수 정치 세력의 품 안으로 내몰 위험이 있다. 총선을 앞두고 진보 정당들을 지지하기보다는 여권을 돕는 셈이 된다는 점 외에도 말이다.

《희생양》으로 유명한 프랑스 철학자 르네 지라르(1923~2015)는 속죄양 이면의 거짓을 들춰내기 위해 1세기 그리스 철학자 아폴로니우스가 한 다음 이야기를 예시로 들었다.

에페소시市에 페스트가 번지자 무질서와 혼란이 극에 달했다. 그러자 사람들은 현자[철학자 — 지은이] 아폴로니우스에게 페스트를 낫게 해 달라고 부탁한다. 아폴로니우스는 불쌍해 보이는 거지 하나를 '페스트의 악령'이라며, 사람들에게 그를 향해 돌을 던지라고 명령한다. 처음에는 거지에게 돌을 던지기를 머뭇거리던 사람들이 아폴로니우스의 명령이 계속되자 하나둘씩 돌을 던지기 시작하고, 돌에 맞은 거지가 분노의 눈빛을 보이자 악령이 틀림없다며 모든 사람이 거리낌 없이 돌을 던지게 된다. 아폴로니우스가 돌에 맞아 죽은 거지의 시체를 확인시켜 주기 위해 돌무더기를 헤치고 시체를 들어내자 그 자리에는 커다란 짐승 하나가 죽어 있었다. 이로 인해 페스트는 끝나고, 사람들은 페스트의 악령이 죽은 그 자리에 수호신 헤라클레스의 흉상을 세워 주었다.

2000년 전 페스트와 달리 코로나19는 자본주의 시스템의 산물이고, 에페소시 당국보다 오늘날의 국가는 (코로나19의 감염 확산과 그 피해를 크게 제한할 만큼) 훨씬 큰 자원을 갖고 있다. 그런데도 자본주의 이윤 시스템에 묶여, 또 그 시스템으로부터 얻는 이득에 묶여 문재인 정부는 진정으로 효과적인 조처를 취하기를 거절하거나 주저해 왔다. 우리는 신천지에게 돌을 던지기보다 이윤 시스템과 그 수혜자인 자본주의 정당들과 문재인 정부를 비난해야 한다.

출처: 최일붕, 〈노동자 연대〉 315호(2020-03-04).

5장
감염병이 들춰낸
계급 불평등

코로나19 사태에서도 문제는 계급이다

코로나19 확산 사태에서도 사회 최하층과 노동계급이 가장 큰 피해를 입고 있다. 대구 한마음아파트 집단감염 사례는 그중 하나일 뿐이다. 문재인 정부와 친문재인 언론은 '신천지 집단 거주'니 '장악'이니 하며 이들에게 괴기함과 음산함의 딱지를 붙인다. 그러나 1985년에 지어져 엘리베이터도 없는 이 5층 아파트에 사는 주민은 모두 청년 여성 노동자들이다. 대구시는 대구 소재 기업에 취직한 35세 미만 여성들을 대상으로 아파트를 임대해 줬다. 열악한 시설 탓에 임대료가 월 2만 원가량으로 저렴한데도 이 아파트는 세대를 다 채우지 못했다. 이런 아파트에 입주하는 데는 계획이나 '특혜' 같은 것이 필요 없을 것이다. 오히려 저소득 노동자라는 게 가장 중요한 입주 조건이었을 것이다.

비슷한 조건에 놓인 청년 노동자들이 모여 살고 같은 교회에 다니며 교류하는 것은 전혀 이상해 보이지 않는다. 게다가 호들갑과 달리, 이 아파트에 거주하는 신천지 교회 신자 중 절반 이상은 코로나19 확진 검사에서 음성으로 나타났다. 140명 중 46명이 확진받았다고 아파트를 집단 격리시킨 것은 대구시가 이 아파트에 거주하는 청년 노동자들을 어떻게 취급하는지 잘 보여 준다. 여기가 수성구의 고급 아파트여도 그랬을까? 코로나19의 놀라운 감염력은 잘 알려져 있지만, 그럼에도 여러 나라에서 확인되는 사실은 면역력이 떨어진 사람들(노인, 환자 등)이 더 잘 감염된다는 점이다. 따라서 관심을 기울여야 할 것은 이 청년 노동자들의 종교가 아니라 평소 건강 상태다.

청도대남병원은 좀 더 극단적인 사례다. 한 방에서 환자 6~8명이 짧게는 몇 년, 길게는 수십 년을 함께 지내야 했다. 이들은 얇은 데다 키보다 짧아 발이 삐져나오는 매트를 수십 센티미터 간격으로 바닥에 깔고 지냈다. 영양 상태도 좋지 않아 보였다. 극빈층이거나 연고자도 없다. 이 병원에 '수용'돼 있던 환자들이 처음에 어떻게 감염됐는지는 아직도 밝혀지지 않았다. 그러나 환자 전원이 감염된 이유는 아무도 조사할 필요조차 느끼지 않았다. 이 병원에서만 사망자가 7명이나 나왔다. 대구·경북 지역의 여러 요양 기관에서 집단 발병 사례가 보고된 것도 비슷한 경우일 것이다.

계급에 따라 수명과 암 발병률 등에서 차이가 난다는 점은 잘 알려진 사실이다. 사람들 사이에서 전염되는 감염병은 그 차이가 더욱 확연해, 평소에 은폐돼 온 계급 격차를 날카롭게 드러내고는 한다. 영양과 위생, 노동시간·공간 등 노동조건, 휴식 등이 감염 확률에 직접적 영향을 미치기 때문이다. 이런 요인들 중 일부는 단순히 소득 수준과 연관돼 있다. 예컨대 평소 영양 상태가 좋고 규칙적으로 운동하는 등 면역력을 유지해 온 사람이라면 바이러스에 노출돼도 감염을 면하는 경우가 많다. 반면, 좀 전까지 감염성 질병을 앓은 사람은 면역력이 소진돼, 충분히 회복되기 전에 새로운 바이러스에 노출되면 감염되기가 훨씬 쉽다. 충분한 개인 공간을 확보할 수 있는 경우와 좁아터진 집에 한 가족이 모여 살아야 하는 경우도 확연히 다르다. 병실이 없어 집에서 대기하다가 죽은 환자들의 사연이 수많은 사람들을 두려움에 빠뜨리지만 이재용 같은 자들에게 '자가 격리'가 무슨 문제겠는가.

사람들로 미어터지는 대중교통을 이용해야 하는 대도시 노동자들에게 "물리적 거리 두기"란 공허한 얘기일 뿐이다. 문제인 정부가 연일 방송에서 읊조리는 코로나19 대응 지침을 들을 때마다 특별히 울화통이 치미는 대목이다. 정부는 마스크 공급 문제가 해결되지 않자 "안 써도 된다"고 말을 바꿨지만, 출퇴근과 근무 시간에 "열린 공간"에서 "서로 멀리 떨어져 얘기하는" 노동자들은 소수에 지나지 않는다. 이런 조처들이 제대로 효과를 내려면 정부가 기업들에 휴업을 명령하고, 노동자들이 소득 감소 등의 걱정 없이 쉴 수 있어야 한다.

현대 도시에서 위생 문제는 확실히 소득과 큰 연관이 있다. 거주 환경뿐 아니라 개인 위생도 마찬가지다. 이제는 말만 나와도 지겨운 마스크 문제만 봐도 그렇다. 부유층이 마스크와 손 세정제 부족으로 걱정하겠는가. 병에 걸릴 가능성뿐 아니라 진단과 치료에도 소득 격차는 커다란 영향을 끼친다. 특히, 보건의료 서비스가 민영화돼 있는 경우 이는 끔찍한 상황을 낳고는 한다. 미국 마이애미에 사는 한 청년이 중국 방문 뒤 독감 증상을 호소하며 코로나19 확진 검사를 받았는데, '음성' 판정과 함께 3270달러(약 400만 원)짜리 고지서를 받은 사례가 언론에 알려지기도 했다. 미국에서 현재 사망자에 비해 확진자가 매우 적은 이유다. 미국 내 여러 주정부도 이를 매우 잘 알고 있기 때문에 확진자가 비교적 적게 나왔을 때부터 비상사태를 선포했다.

소득과 밀접한 연관이 있는 문제이기도 하지만, 자본주의에서 노동자들이 자신의 노동조건을 통제할 수 없다는 점(마르크스가 말한 소외)도 노동계급이 감염병에 취약하게 만드는 중요 요인이다. 일터에 확진자가 생겨도 기업주들은 하루 이틀 소독을 한 뒤 다시 공장과 사무실을 가동한다. 위생이나 안전보다 이윤을 우선시하는 노동환경 때문에 어떤 노동자들은 2미터 간격을 유지하는 게 불가능하고, 어떤 노동자들은 주변에 도움을 구하기 어려울 정도로 고립된 채 일한다. 마스크를 쓰고 평소 작업 속도대로 일하다가는 정말로 심각한 호흡 장애를 겪는 경우도 적지 않다. 이는 즉시 사고로 이어질 위험이 크다.

당장은 소득 감소에 대한 우려 때문에, 장기적으로는 고용과 노동조건에 대한 불안 때문에 노동자들은 증상이 나타나도 무시하기 쉽다. 코로나19 의심 증상인 '37.5도 이상의 발열'은 많은 노동자들이 약국에서 약 하나 사 먹고 출근하는 수준의 증상이다. 전문가들이 코로나19의 세계적 확산을 경고한 이유이기도 하다. 미국 질병통제예방센터의 발표를 보면, 미국의 식당 노동자 다섯 명 중 한 명은 구토나 설사 등 소화기 감염병 증상이 있어도 출근한다고 답했다.

일단 감염병이 확산되면 병원 노동자들과 공무원들은 평소보다 더 격심한 스트레스와 노동강도에 시달린다. 이런 상황에 대비하려면 사전에 충분한 인력을 고용해야 하는데, 경제 위기 탓에 그러기는커녕 오히려 인건비를 줄이는 데 혈안이 돼 있기 때문이다. 인력뿐 아니라 감염병에 대응하기 위한 각종 보호구도 코로나19 사태로 부족해져서 이 노동자들이 위험에 노출되고 있다.

문재인 정부는 굼뜨고 무능한 데다 기업주들의 이윤 감소를 걱정하는 나머지, 필요한 조처를 취하지 않고 있다. 그래 놓고는 얼마 전 경사노위를 통해 코로나19 사태 대응을 위한 국민적 협조를 요청했다. 집회나 시위, 노동쟁의 등을 자제하라는 것이다. 문중원 열사 추모 천막을 강제로 철거한 직후의 일이다. 이는 정부가 어느 계급의 편에 서 있는지를 잘 보여 준다. 노동자들은 여론의 압력에 위축되지 말고 자신의 안전과 이익을 위해 싸울 준비를 해야 한다.

출처: 장호종, 〈노동자 연대〉 315호(2020-03-09).

코로나19 피해를 노동자에게 전가하지 마라

서울 구로동 콜센터에서 벌어진 집단감염은 정부의 방역 대책에 큰 허점이 있다는 경고가 옳았음을 보여 준다. 정부 여당이 애먼 신천지 비난에 열을 올리는 동안 바이러스는 노동자들의 일터로 흘러들었다.

콜센터 기업주들은 노동자의 건강이나 안전은 안중에도 없이 비용 절감을 위해 많은 노동자들을 좁은 공간에 욱여넣고 혹사한다. 콜센터 노동자들은 매년 독감이 유행할 때마다 근무자 절반이 독감에 걸린다고 호소한다.

'다닥다닥 붙어서', '마스크도 안 쓰고' 일하는 환경은 비단 콜센터 노동자들만의 일이 아니다. 아파도 쉬지 못하고, 유급병가는 엄두도 못 내는 하청 노동자들의 처지는 기업주와 바이러스 모두에게 매우 '생산적인' 환경이다. 정규직 노동자들도 '열이 나서 오늘 쉬겠다'고 쉽게 말하지 못 한다. 자본주의가 감염병 재난을 키우는 이유다.

너무 당연한 얘기지만 '아프다고 느끼는 첫날부터 걱정없이 쉴 수 있도록' 유급병가를 지급하면, 감염병 확산을 억제하는 효과가 있다. 이런 사실은 경험적으로도 증명됐다. 최근 〈워싱턴 포스트〉는 일부 연구를 인용해 미국 일부 주에서 시행된 유급병가가 인플루엔자 발생률을 낮추는 효과를 냈음을 보여 줬다(그림 참조).

감염 위험에 노출된 노동자들, 무급 휴직 등으로 생계를 위협받는 노동자들이 연이어 기자회견을 열고 정부에 대책을 요구하고 있다. 민주노총도 3월 10일 기자회견을 열어서 코로나19로 인한 노동자들의 피해 사례들을 보고하고 대정부 요구안을 제시했다. 이 요구안에 담긴 것들은 모두 지금 당장 필요한 것들이다.

먼저 민주노총은 개학 연기로 임금을 못 받게 된 학교 비정규직 노동자를 비롯해 휴업으로 생계가 어려워진 노동자들에게 정부가 직접 휴업수당을 지원하라고 요구했다. 건설일용 노동자, 특수고용 노동자, 5인 미만 소규모 사업장 노동자 등도 그 대상이다.

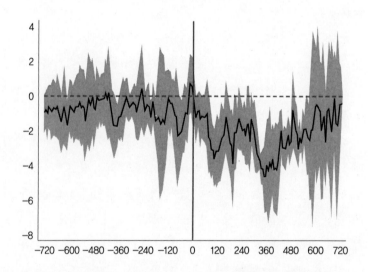

유급병가를 준 때를 기준으로 전과 후 인플엔자 발병률이 확연히 차이가 나는 것을 볼 수 있다. 점선이 평균치를 뜻한다. ⓒ http://www.nber.org/papers/w22530

개학은 미뤄지는데 부모는 직장에 나가야 해서 아이들이 방치되는 상황을 막기 위해 유급 가족돌봄휴가를 확대하라고 요구했다. 이미 해당 제도가 있는 공무원 등 노동자들에게는 그 요건을 완화하고 적용 범위도 확대하라고 요구했다.

코로나19를 핑계로 한 특별연장근로 남용 방지, 병원·학교·돌봄 노동자들의 감염을 막기 위한 안전 대책과 공공의료 확충, 노동기본권 보장을 위한 법률 개정 등도 모두 시급히 필요한 조처다.

민주노총은 코로나19로 줄어든 소득을 벌충하기 위해 모든 국민에게 재난생계소득을 100만 원씩 지급하라고 요구했다. 향후에도 비슷한 일이 벌어졌을 때 노동자들을 지원하도록 재난기본소득제도(재난긴급생계자금지원제도)를 법률로 제정하라고 요구했다. 노동자들의 압도 다수가 이를 흠뻑 지지할 것이다.

특히, 코로나19 피해를 노동자에게 떠넘기는 고용주를 더 강력하게 감시하고 단속하라고 요구했는데 매우 적절한 요구다. 문재인 정부는 고용주를 규제하기보다 고용유지지원금 등 고용주에게 혜택을 줌으로써 일자리 문제를 해결하려 해 왔고 지금도 그런 방식을 취하고 있다. 그러나 이것은 노동자들의 소득과 일자리를 지키는 데 효과적 방식이 아니다. 해당 재원의 지급시기와 액수 등을 노동자 자신의 필요가 아니라 사용자가 필요에 따라 조절할 수 있기 때문이다. 경제 위기 속에서 노동자의 안전보다 기업주의 이윤을 더 걱정해 온 문재인 정부가 이런 방향을 쉽게 바꿀 것 같지는 않다. 지금은 총선을 앞두고 있어 눈치를 보지만 말이다.

김경수, 이재명 등 여당 정치인들 일부가 제안한 '재난기본소득'은 그 실제 내용은 기본소득이라고 부를 만한 것은 아니다. 일부 저소득층만을 대상으로 하거나, 일시적으로 현금수당을 지급하는 것이기 때문이다. 물론 청와대는 이마저도 "검토하고 있지 않다" 하고 일축했다.

한편, 코로나19가 전 세계로 확산하면서 이번 사태가 새로운 경제위기를 낳을 것이라는 우려가 커지고 있다. 미국 증시가 급등락하고 트럼프가 대규모 감세 정책을 추진하고 있는 것만 봐도 지배자들이 사태를 매우 심각하게 여기고 있음을 알 수 있다.

이번 사태가 언제 끝날지 몰라도 세계 지배자들은 감염병 사태로 인한 피해도, 그 여파 때문에 벌어진 경제 위기의 책임도 노동자들에게 떠넘기려 할 것이다. 추경 등으로 지출된 재정을 누가 부담해야 하는가 하는 문제가 남아 있기 때문이다. 유럽의 많은 정부들이 그랬듯이 일부 복지 혜택을 삭감하거나 세금·사회보험료를 인상하는 등 노동자들에게 부담을 떠넘기려 할 가능성이 크다.

또, 한국에서도 한 달 뒤 총선이 지나면 여야가 함께 노동개악을 밀어붙이려 할 가능성이 매우 크다. 사실 총선 등을 고려해 미뤄졌을 뿐 문재인 정부는 지난 연말부터 노동개악을 강력히 밀어붙이고 있었다.

민주노총은 대정부 요구 발표와 함께 "정부와 경영계, 노동계가 함께 코로나19 극복을 위한 '비상 협의'"를 제안했다. 이런 협의가 실제로 열린다면 정부와 기업주들은 노동자들에게 '고통 분담'(사실은 고통 전가)을 요구하려 할 것이 뻔하다.

이미 경사노위는 코로나19 사태가 심각해지자 대규모 집회를 자제하고 단체교섭 등을(즉 쟁의를) 미루라고 촉구했었다. 그것도 문중원 열사 추모 농성장을 강제 철거한 직후에 그랬다. 민주노총은 경사노위의 '노사정 선언'에 대해 "그저 노동자들은 '가만히 잠자코 있으라'는 것과 같다"고 옳게 비판한 바 있다.

민주노총의 요구들을 실현하려면 그것을 강제할 힘이 필요하다. 기업주들이 사활적으로 고통 전가를 추진할 것이므로 노동자들도 자신의 힘을 행사해 이윤에 타격을 입힐 태세를 보여 줘야 한다. 민주노총은 이를 위한 투쟁 태세를 갖춰야 한다.

출처: 장호종, 〈노동자 연대〉 315호(2020-03-11).

과로, 소득 절벽에 처한 노동자들

콜센터 상담사 / 병원 노동자 / 인터넷·케이블 설치 노동자 /
학교 노동자(기간제 교사, 방과후학교 강사, 학교 비정규직 등) /
보육 교사 / 플랫폼 노동자 / 이주민

콜센터 상담사의 목소리

서울 구로구 콜센터에서 상담사들이 집단감염된 후 다른 지역에서도 콜센터 집단감염이 속출하고 있다. 콜센터 노동자들은 이런 상황이 "예견된 결과"라고 입을 모아 지적한다. 콜센터 상담사 A씨에게 이런 상황에 대해 들어 봤다.

이번 집단감염을 계기로 콜센터 근무 환경 자체가 많이 보도됐잖아요. 다닥다닥 붙어서 밀폐된 실내에서 수백 명이 동시에 얘기를 하니까 감염에 취약하죠. 비말이 문제라는데 비말을 하루 종일 튀기는 환경에서 근무해야 해요.

제가 일하는 곳에서는 손 소독제 비치 말고는 사측이 [예방을 위해] 마련해 준 것도 없어요. 마스크는 처음에 10장만 주고 그 뒤로는 개인이 알아서 구매하라는 식이죠. 그런데 우리는 마스크를 착용하고 싶어도 통화할 때 숨이 너무 막혀서 할 수가 없어요. 그래서 감염 위험을 줄이려면 인력을 충분히 뽑아서 교대로 일하거나 기술 투자를 해서 콜센터 노동자도 재택근무를 할 수 있도록 해야 하는데 [사측은] 그럴 생각이 없죠.

특히 요새 코로나19 때문에 재택근무가 느니까 사람들이 온라인 쇼핑을 많이 해서 배송이 엄청 늘었거든요. 주문량이 늘어나면 그만큼 문의도 늘어나고 매출이 오르니까 사측은 절대 [노동자들을] 쉽게 해 줄 생각이 없는 거죠. 배송 기사들도 죽어나고 있어요. 물량이 많으니 배송 실수도 잦아집니다. 그러다 보니 고객 입장에서는 콜센터에 항의하게 되죠. 그러면 우리는 그 항의를 받아 내느라 죽어나고, 기사들은 다시 배송하느라 죽어나요.

하루에 9시간 앉아 있는데 화장실은 딱 한 번 갈 수 있어요. 사실 코로나 때문이 아니라 일이 너무 고되서 일하다가 죽을 것 같죠.

콜센터 업무는 실적을 높이는 게 중요한데요. 전화 응대율을 실시간으로 띄워 놓고 관리합니다. 고객이 전화를 기다리다 포기하는 경우가 생기면 절대 안 되기 때문에 주어진 시간 안에 무조건 받게 압박해요. 콜 수가 많아질수록 업무 강도가 강해질 수밖에 없어요.

언제 한번 확진자가 사무실 근처에 생긴 날이 있었어요. 조기퇴근을 그 때 한 번만 시켜 주더라고요. 그 후로는 없었습니다. 그런데 누군가 쉬면 그 사람 콜을 나머지 사람이 받아야 해요. 1인당 100콜을 받아야 하는데, 옆 사람들이 50콜씩 더 받아야 하는 거죠. 남아 있는 사람들이 너무 힘든 걸 아니까 쉴 수도 없어요.

정규직 직원은 재택근무 하는 경우도 많은데, 고객센터는 대체로 파견이나 도급이니까 재택근무는 없는 거라 생각하고 다들 일하죠.

동료들이 다들 콜센터에서는 코로나19에 걸리지 않으면 이상한 거라고 생각해요. 그냥 걸리지 않은 게 운이 좋은 것뿐이라고 생각할 수밖에 없어요. 동료들이랑 얘기해 보면 [콜센터에서는] 신천지가 아니라 신천지 할아버지여도 코로나 안 걸리는 게 신기하다는 생각뿐입니다.

정부의 대응 자체가 무능해서 말하기도 싫어요. 동료들은 대체로 '신천지도 문제인데, 마스크도 안 주고 유급휴가도 보장 안 해 주는데 누가 쉬겠냐'며 정부에 불만이 많습니다.

최근에 장염에 걸렸었는데요. 열이 38도가 넘는데도 사측이 집에 안 보내 주는 거예요. 제가 너무 열이 나니까 점심 시간을 쪼개서 병원을 갔거든요. 근데 병원도 발열이 있다는 이유로 진료 자체를 안 해 줘요. 일반 의원에서는 코로나19 음성 판정을 받아야 진료해 주더라고요. 그래서 아픈 몸을 이끌고 진료소에 가서 검사를 마쳤는데 음성 결과가 나오는 동안 아무런 처방을 못 받았습니다. 생으로 이틀을 앓았어요. 그 기간은 연차를 쓰고 나머지는 무급 처리됐죠.

웃긴 게 코로나19 검사를 받으러 가면, 진료소에서 일단 비급여라면서 11만 원을 내야 한다고 말해요. 검사를 받아야만 하는 건데 급여가 안 되는 것도 웃기죠. 제가 근무하는 지역에도 확진자가 여러 명 있다는 역학조사 결과가 나오긴 해서 결국 급여 대상은 됐는데요. 아마 회사원들이 열이 있어서 검사를 받으려 해도 확진자들과 동선이 안 겹치면 11만 원 정도 내고 해야 할 겁니다. 그 검사를 못 하면 출근도 못 하게 하니까 어쩔 수 없이 하겠죠.

사람보다 이윤을 우선하며 사회가 굴러가니까 그냥 노동자들은 병에 걸리지 않기를 개인적으로 기원하는 수밖에 없어요.

출처: 양효영, 인터뷰·정리, 〈노동자 연대〉 315호(2020-03-12).

병원 노동자의 목소리

수도권에 코로나19 감염자가 늘면서 정부와 서울시는 공공병원을 감염병 전담 병원으로 지정했다. 공공운수노조 의료연대본부는 공공병원인 서울대병원과 보라매병원 노동자들을 조직하고 있다. 김진경 의료연대본부 서울지역지부장에게 병원 현장 상황과 필요한 요구들을 들었다. 그는 서울대병원 간호사이기도 하다.

Q. 코로나19 사태가 길어지면서 병원 노동자들의 고충도 클 텐데, 현재 상황은 어떻습니까?

'마스크 대란'이라고들 하는데 병원도 마찬가지예요. 전국적으로 병원에 보호구가 많지 않아요.

대한병원협회가 병원에 마스크를 일괄 지급하게 돼 있어요. 식약처가 대한병원협회에 떠넘긴 건데요. 대한병원협회가 공지한 지급 기준은 다음과 같습니다.

병원에서 신청 가능한 마스크 최대 수량(1주일 분 기준) (출처: 대한병원협회 공문)

일반 마스크	병원 직원 수 x 0.6 x 7(일주일)	환자(허가 병상) 수 x 0.3 x 7
보건용(KF94) 마스크	병원 직원 수 x 0.4 x 7	환자 수 x 0.3 x 7

이렇게 보면 환자들에게는 60퍼센트밖에 안 주는 거예요. 모든 병원 직원들이 하루에 1개씩 받을 수 있는 것도 아닙니다. 확진·의심 환자와 접촉하는 의료진은 마스크가 오염되면 교체해야 해서 하루 1개로 부족할 수 있거든요. 하루 2개, 3개 필요한 상황이 발생해요. 이쪽에 우선적으로 마스크를 지급하면 다른 부서 직원들은 매일 1개씩 받을 수 없습니다. 현재 서울대병원과 보라매병원은 이런 기준에 따라 환자접점부서는 주 5개(하루 1개), 일반부서는 이틀에 1개씩 마스크를 줍니다.

노동조합이 '이것보다는 더 많이 달라고 해야 하지 않냐'고 항의하면 병원 측은 '정부 지침이기 때문에 어쩔 수 없다'고 해요. 정말 답답하죠.

또 문제인 것은 청소, 환자 이송 노동자 등 비정규직 노동자들에게는 일주일에 2개만, 간병 노동자는 아예 안 줍니다. 적어도 병원 안에서 일하는 사람들에게 최소한의 보호구는 줘야 하잖아요.

현재 정부와 서울시는 국립의료원, 서울의료원, 보라매병원, 서남의료원, 서북의료원, 서울대병원 총 6곳을 서울시내 감염병 전담 병원으로 지정했어요. 적어도 여기에서 일하는 노동자들에게는 정부가 책임지고 차별 없이 마스크를 충분히 지급해야 합니다. 모든 병원 노동자에게 하루 1개는 지급하고, 오염되는 경우를 고려해 여유분도 있어야 한다고 봅니다.

Q. 최근 박능후 보건복지부 장관이 '병원이 마스크가 부족하지 않은데도 쌓

아 두려고 한다'고 해 논란이 됐는데요.

박능후 장관은 "의료계는 마스크를 다 공급하고 있어서 사실 그렇게 부족하지 않다", "조사해 보니 병원들이 마스크를 쌓아 놓으려 한다" 이렇게 말했는데요. 솔직히 막말이라고 생각해요. 설령 어떤 병원이 그랬다 치더라도 전체를 싸잡아서 말하면 안 돼죠.

이런 문제는 전체 마스크 지급 상황이 투명하지 않아서 발생하는 거죠. 정부가 전체 병원을 전수조사해서 명확하게 보여 주지도 않잖아요. 이런 상황에서 의료진을 의심하고 모든 책임을 떠넘기는 식이니까 문제가 있습니다.

Q. 병원 노동자들의 노동 조건은 어떻습니까?

진단검사의학과 임상병리사 같은 경우는 노동시간이 엄청나게 늘었어요. 이 일은 아무나 할 수 없고 1~2년이라도 경험이 있어야 해요. 서울대병원에서는 6명이 이 일을 하겠다고 해서 순번제로 돌아가면서 하고 있는데 노동 강도가 엄청나게 세요. 노조가 인력 충원을 요구해서 2명이 충원됐습니다.

보라매병원의 경우, 처음에는 간호사 1명이 환자 4명을 담당했는데 지금은 환자 5명을 담당하는 걸로 얘기되고 있어요. 현재 노조는 코로나19와 관련해 안정적인 인력 운영 계획을 병원과 논의 중입니다.

전체적으로 간호사가 부족하지는 않아요. 외래 환자나 (코로나19 환자가 아닌) 입원 환자들의 수는 많이 줄었거든요. 병원은 업무량이 줄어든 쪽의 인력을 코로나19 쪽으로 파견해서 돌려쓰고 있습니다.

가장 큰 문제는 노동자들에게 인력 운영 계획을 그날그날 알려 준다는 거예요. '간호사 1인당 환자 수는 정해진 게 없다'거나 '환자 중증도에 따라 그때그때 정한다'고 해요. 터무니없죠. 확진 환자를 받는 병동의 얘기를 들어 보면, 열이 나서 온 환자가 아주 갑자기 중환자가 된다고 하더라고요. 이렇게 언제 중환자가 발생할지 모르는 상황에서 자꾸 인력 운영 방식이 달라지면 응급 상황에 갑자기 투입된 사람들이 제대로 대처할 수가 없습니다.

Q. 수도권에 감염자 수와 병원 내 감염이 증가하고 있는데, 대구처럼 심각해질 가능성도 있다고 보십니까?

지금 PC방, 콜센터 등 가장 문제가 되는 게 집단으로 있는 곳이잖아요. 병원에서도 의사, 간호사, 간호조무사, 병원 청소 노동자, 환자 이송원 등이 모두 감염에 노출돼 있어요.

메르스 때 슈퍼 전파자는 확진 환자를 이송한 노동자였는데, 그 분은 고용이 불안한 비정규직 노동자였고 증상을 숨기다가 메르스가 확산됐죠. 지금도 저는 그런 문제가 심각하다고 생각해요.

청소 노동자들은 특히 사각지대에 있습니다. 지금 병원에서는 일회용을 많이 쓰기 때문에 엄청나게 많은 쓰레기가 나오거든요. 청소 노동자들이 그걸 다 치워요. 쓰레기 속에는 오염된 보호구도 있기 때문에 교육 없이 투입한다면 큰일이 날 수 있습니다.

서울대병원은 지난해 청소, 주차 등 비정규직 노동자들이 정규직으로 전환돼서 병원이 그들에게 마스크를 하루 1장씩 지급합니다. 반면,

정규직화 합의를 이행하지 않고 있는 보라매병원은 용역업체를 통해서 받으라고 합니다. 용역업체는 "마스크가 충분하지 않으니 노조가 병원에다 얘기를 좀 해 달라"고 합니다. 과연 제대로 지급되고 있는지 의문입니다. 보장이 안 되는 거죠.

서울대병원과 보라매병원은 코로나19 대응 테이블에서 노조를 배제하고 있습니다. 노조를 배제한다는 건 현장 목소리를 듣지 않겠다는 거죠. 노조는 '깜깜이식으로 하지 말고 투명하게 정보를 공개하라'고 계속 요구했어요. 결국 지금은 병원이 매일 '코비드19 뉴스'를 [웹사이트 게시판에] 올려요. 그 전에는 노동자들이 병원 돌아가는 상황을 아무것도 몰랐어요.

병원은 간호사 임시 숙소도 처음에는 못 준다고 그랬어요. 알아서 구하라는 식이었죠. 집에 혼자 살면 모르겠지만 혼자가 아니면 가족들이 감염될 위험이 있는데 말이에요.

지금은 노조가 싸워서 임시 숙소가 생겼는데, 체력단련실로 쓰던 넓은 공간에 커튼만 쳐져 있어요. 신청자가 많아야 하는데 별로 없어요. 안에 시설이 제대로 안 돼 있으니 간호사들이 와서 보고는 '여기에 안 있겠다' 하는 거죠. 노조는 임시 숙소를 제대로 마련하게끔 병원에 계속 요구할 거예요.

지금 대형 민간병원들은 한 명이라도 코로나 환자가 나올까 봐 벌벌 떨고만 있습니다. 이럴 때일수록 공공병원이 제구실을 다해야 한다고 생각해요. 그러려면 공공병원에 더 많은 인력 확충과 지원이 필요합니다.

그리고 메르스 사태를 겪으면서 노동자·시민·사회단체들이 꾸준히 요구했기 때문에 현재 정부 대응에 개선이 있었다고 봅니다. 코로나19 사태에서도 그렇게 계속 목소리를 내야 한다고 생각합니다.

출처: 김승주 인터뷰·정리, 〈노동자 연대〉 315호(2020-03-19).

인터넷·케이블 설치 노동자의 목소리

"회사에서 마스크가 지급되지 않으니, 공적 마스크 2개로 일주일을 버텨야 합니다. 평일 근무 시간에는 마스크를 구할 수 없어 주말에 줄을 서서 겨우 구입합니다. 마스크가 부족하니까 어떤 때는 면 마스크를 사용하기도 합니다." 이승환 희망연대노조 LG헬로비전지부장의 말이다.

케이블 업체인 티브로드는 지역에 따라 마스크가 지급되는 곳도 있고, 전혀 지급되지 않는 곳도 있었다. 그러나 최근에는 하루에 하나씩 지급되던 곳도 공적 마스크를 이유로 이틀에 한 번 지급하는 것으로 축소됐다.

이세윤 희망연대노조 티브로드지부 정책부장은 이렇게 말했다. "작업 특성상 먼지 구덩이에 들어가서 일하는 등 마스크가 바로 망가지고 오염되는 경우가 많은데 마스크가 너무 부족합니다."

인터넷·케이블 AS기사는 하루에 8~10곳, 많게는 15곳 정도를 방문해 20~30분씩 머물며 작업한다. 방문한 곳에서 확진자를 만날 수도 있고, 자가 격리자를 만날 수도 있다. 고객이 기침이라도 하면 등에 식은땀이 나지만 마스크는 며칠 동안 재활용할 수밖에 없다. 할 수 있는 것은 작업을 끝낸 후 손을 소독하는 게 전부다.

3월 18일 대구에서 자가 격리자의 집을 방문한 노동자가 입에 피를 물고 쓰러져 있는 고객을 발견한 일도 있었다. 이 노동자는 자신이 만나야 할 고객이 얼마나 위독한 상태인지를 알 수 없었다.

티브로드 노동자 박호준 씨는 이렇게 말한다. "얼마 전 동료가 인터넷 설치를 하러 갔는데 알고 봤더니 구로 콜센터 노동자가 자가 격리된 집이었고, 재택근무를 위해 인터넷을 설치하는 상황이었다고 합니다." LG헬로비전 조합원 중에는 작업이 끝나고 나서야 고객이 확진자였다는 연락이 와 격리된 경우도 있었다.

대구 LG유플러스 설치 기사인 권호 씨는 가족이 걱정이다. "혹시라도 아이들에게 옮길까 봐 퇴근하면 옷을 다 갈아 입고, 가족과 다른 방에 지내면서 '자가 격리'합니다." 이승환 LG헬로비전지부장도 같은 상황을 전했다. "가족에게 옮길까 봐 겁이 납니다. 몸에 약간이라도 이상이 생기면 집에 들어가지 않는 조합원도 있습니다."

노동자들이 가장 걱정하는 것은 자신이 슈퍼 전파자가 될 수 있다는 점이다. "슈퍼 전파자가 될까 봐 두렵습니다. 우리가 감염되고 증상이 늦게 나타나면 만나는 고객들에게 코로나를 옮기게 됩니다." 그래서 희망연대노조는 현장직군 노동자에게 보건용 마스크를 하루 3~4개 이상 지급할 것과 작업용 장갑 지급, 확진자가 발생한 건물에의 투입 중단 등을 요구했다.

이승환 LG헬로비전지부장은 코로나19 사태에도 평상시와 달라진

게 없다고 말한다. "본사에서 가이드라인이 내려왔다고 하지만, 정작 하청업체에서는 본사에서 오는 지원이 없다고 합니다. 본사는 하청이 알아서 하라는 식입니다. 반면, 코로나 상황에서도 영업 실적 압박은 여전합니다. 본사는 하청업체에 D등급을 세 번 받으면 계약을 해지하겠다고 압박하고, 하청업체는 실적이 낮은 노동자를 징계하겠다고 압박합니다. 그러니 평소와 전혀 다를 바 없이 일해야 합니다."

이세윤 티브로드지부 정책부장은 사측과 정부의 안이한 대처를 비판하며 분노했다. "회사 매뉴얼에는 긴급한 일이 아니면 미루라고 돼 있습니다. 그러나 인터넷이 안 되고 TV가 안 되는 고객들은 급합니다. 그래서 일을 미루라는 건 전혀 현실적이지 않습니다. 지금 필요한 것은 마스크가 충분히 공급되는 것입니다. … 회사에는 아무리 말해도 통하지 않으니, 식약청이나 질병관리본부에 전화해 봤습니다. 우리 같은 노동자가 슈퍼 전파자가 될 수 있으니 마스크라도 지급할 수 없겠냐고 물었더니 '특혜'라서 줄 수 없다고 했습니다. 지자체는 답도 없습니다."

최근 LG유플러스 북대구센터는 열이 38도까지 올라간 노동자만 검사 후 자가 격리 조처하고 다른 노동자들은 계속 일하게 했다. SK브로드밴드는 대구에 코로나19 감염이 폭발적으로 증가했을 때 대구 지역에 인력이 부족하자 다른 지역 인원을 대구로 투입하려고 했다.

노동자들은 안전보다 이윤에만 신경 쓰는 회사에 분노했다. "우리 중 누군가 코로나에 걸려 센터 전체로 확산돼야만 회사가 변하려나요."

2월 25일 희망연대노조는 대구 지역이라도 작업을 연기하고 필수·

긴급 업무만 진행할 것, 근무 인원을 최소화할 것, 비근무자는 자택 대기하도록 할 것 등을 요구했다. 전국적으로는 대면 접촉 최소화, 마스크·손세정제·일회용장갑 등 위생용품 지급 확대, 고객의 자가 격리 여부를 철저하게 확인하는 조처 등을 요구했다. 이런 조처는 즉각 이뤄져야 한다.

출처: 장한빛, 〈노동자 연대〉 315호(2020-03-18).

개별 학교의 교사와 노동자에게 책임을 떠넘기지 마라

2월 26일 현재, 코로나19 감염자가 1200명을 넘어섰다. 2월 23일 위기 경보 단계가 '심각'으로 격상되면서, 교육부는 전국 유초중등 학교 개학을 일주일 연기했다. 개학이 추가로 연기될 수도 있다고 한다.

정부는 개학 연기 기간에도 초등 돌봄교실과 유치원 방과후교실을 확대 운영하라고 지침을 내렸다. 2020년 신입생들까지 포함해 돌봄을 제공한다는 것이다. 이럴 경우 돌봄교실 신청자가 급증해 돌봄교실 수용 인원을 초과할 수 있다.

물론 학교 휴업 기간에도 한부모나 맞벌이 부부의 자녀 등 여전히 학교가 필요한 학생들이 있다. 휴가를 낼 수 없거나 휴가를 내더라도 무급휴가인 노동자들은 아이들을 학교에 맡기고라도 일터로 나갈 수밖에 없을 것이다. 그러나 여러 사람이 모이는 학교에 자녀를 보내고 싶지 않은 부모의 마음을 고려하면, 정부가 더 적극적인 정책을 내놓아야 한다.

정부는 학교 가정통신문을 통해 '가족돌봄휴가제'를 적극 활용하라고 홍보하고 있다. 그러나 얼마나 많은 노동자들이 이런 휴가를 쓸 수 있을까. 게다가 가족돌봄휴가제는 무급이고 최장 10일을 쓸 수 있을 뿐이다. 정부가 나서서 기업들이 '유급' 가족돌봄휴가제를 보장하도록 대책을 마련해야 한다.

이번 학교 휴업 기간에 학생들은 등교하지 않지만 대다수 교직원들은 출근해야 한다. 교육공무직과 비정규직 강사 등에 대한 출근 정지 지침을 내리지도 않았다. 이들도 학생들과 밀접하게 접촉하는 노동자로서 감염 예방의 대상인데 말이다.

이 때문에 교직원 스스로 개인 휴가를 사용해 자기를 보호할 수밖에 없는 상황이 될 수 있다. 그러나 이는 상황의 심각성에 비춰 적절하지 않다. 학교에서 교직원 간 감염이 벌어지면, 학생들의 안전도 보장할 수 없기 때문이다. 나아가 지역사회에서 또 다른 대량 감염 통로가 될 수 있다. 벌써 대구에서 코로나19에 감염된 교사가 교직원 워크숍 등에 참여해 큰 파장을 낳기도 했다.

정부는 교직원들의 출근을 강제하지 말고, 돌봄교실 운영에 필요한 최소한의 인력만 출근하도록 해야 한다.

사실, 문재인 정부가 국정과제로 내세운 '온종일 돌봄체계 구축'을 더 일찍이 추진하고 이에 맞게 전일제 돌봄전담사와 전용 돌봄교실을 충분히 늘리고 시간제 돌봄전담사를 전일제화했다면, 이런 재난 시기에 '돌봄 대란'은 피할 수 있었을 것이다.

한편, 정부는 학교 휴업 기간에 돌봄교실을 확대하라는 지침을 내렸지만, 코로나19로부터 학교를 안전하게 만드는 데는 별 지원을 하지 않고 있다.

정부와 교육 당국은 돌봄교실에 지원되는 마스크, 손 소독제 등의 방역 위생용품조차 학교에서 알아서 마련하라는 지침을 내렸다. 충남 지역에서는 일반 교실에 지급되는 손 소독제를 돌봄교실에는 지급하지 않는 사례도 있었다(교육공무직본부 보도 자료). 경기도교육청은 학생 1인당 고작 5000원의 방역 물품비를 지원한다고 한다. 그러나 당장 학교에서 준비해야 하는 마스크만 해도 돈을 주고도 구하기 힘들어 경기도의 학교 4곳 중 1곳은 마스크가 부족한 형편이다.

개학 이후에도 방역이 가능하도록 정부가 학교 현장에 마스크, 손 소독제, 체온측정기 등 방역용품을 충분히 제공해야 한다.

또, 학교에서 아이들의 건강을 책임질 전문 인력이 턱없이 부족하다. 정부는 1일 2회 발열 체크, 손 씻기 교육 등의 지침만 내렸을 뿐이다. 그러나 의료 전문인이 아닌 돌봄전담사들이나 담임교사들에게만 아이들의 안전을 책임지라는 것은 문제가 있다. 보건교사들조차 코로나19 확진 환자 대응 매뉴얼을 받지 못했다고 한다. 학교의 안전을 지원할 수 있는 공공 보건 전문 인력과 전담 공공의료 기관이 시급히 필요하다.

코로나19 사태 최전선에서 아이들을 책임지고 있는 돌봄전담사들은 아파도 쉴 수 없다. 이들은 상당수가 시간제 비정규직으로 처우가 열악하다. 정부는 개학 연기 기간에도 돌봄전담사 근로 사항을 방학 중 근로에 준해 운영하라는 지침을 내렸을 뿐 책임에 걸맞은 적절한 보상을 제공하지 않고 있다.

또 2월 말부터 방과후학교 수업 대부분이 중단되면서 방과후학교 강사들의 임금 손실이 상당하다. 재난으로 인한 방과후학교 휴업 시 강사료 보전 대책을 마련하고, 비정규직의 온전한 계약을 보장해야 한다. 근본적으로는 모든 학교 노동자들에게 유급휴가를 가능하게 해야 한다.

정부와 교육 당국은 학교 휴업 조처만 내릴 게 아니라 비상한 사태에 걸맞은 지원을 해야 한다. 일선 학교의 교사와 노동자들에게 책임을 떠넘기는 것으로는 학생들의 안전을 지키기 어렵다.

출처: 서지애, 〈노동자 연대〉 315호(2020-02-26).

기간제 교사, 계약 기간 단축 시도를 막아 내다

코로나19가 확산되자 교육부는 안전을 위해 개학을 연기했다. 개학 연기는 불가피한 조처지만, 정부는 그에 따른 노동자들의 안전과 처우는 중요하게 여기지 않고 있다. 학교 급식 노동자들은 휴업 급여를 받지 못해 생계가 위협받고 돌봄 노동자들은 안전하지 못한 조건에서 과중한 돌봄 노동으로 고통받고 있다.

기간제 교사들도 학기 또는 해마다 계약을 맺고 일을 해야 하는 처지라 여러 차별을 겪어 왔다. 특히 학교들이 퇴직금을 주지 않으려 계약 기간을 1년 미만으로 하거나 방학을 제외하고 계약을 하는 쪼개기 계약 문제가 여전히 해결되지 않고 있다.

그런데 최근에 개학이 연기되면서 일부 학교에서 기간제 교사들의 계약 시점도 늦추려는 시도가 있었다. 지난 2월 23일 교육부가 1차 개학 연기 공고를 내자, 일부 학교에서는 늦춰진 개학일에 맞춰 계약을 한다는 내용으로 기간제 교사 모집 공고를 낸 것이다. 심지어 3월 1일자로 이미 계약을 하기로 한 학교들에서도 계약일을 변경하려는 시도가 있었다.

전국기간제교사노조 조합원들은 이 사실을 노조에 제보해 대응이 필요하다고 제기했다. 계약 시작일이 늦춰지면 계약 기간 1년을 채우지 못해 퇴직금을 받지 못하는 일이 벌어진다. 또, 재직 기간이 짧아지면 호봉 승급이나 연수 자격을 얻는 데도 불이익이 생긴다.

기간제교사노조는 전국 교육청들과 교육부에 계약 기간을 늦춰 퇴직금 손실이 발생하지 않도록 조처를 하라고 요구했다. 일부 학교에서 벌어진 일이 다른 학교로도 금방 확산될 수 있기 때문에 해당 학교에 대한 시정 조치뿐 아니라 모든 학교에 사전 조처를 하도록 요구한 것이다. 기간제교사노조는 감염병 확산을 막기 위해 정규 교사들이 부분 재택근무를 하는 것과 마찬가지로 기간제 교사들도 학교에 출근하지 않고 필요한 업무를 보도록 하라고 요구했다. 전교조 인천지부 등도 교육청에 항의하며 기간제 교사들의 처우 보장을 요구했다.

기간제교사노조의 적극적인 제기와 연대로 전국의 교육청들은 노조의 요구를 수용했다. 개학 연기로 인해 기간제 교사의 계약 기간을 변경하지 않도록 각급 학교에 공문을 발송했다고 답변했다. 정규 교사와 동일한 근무 조건을 적용하라는 요구도 받아들여졌다.

기간제 교사들은 이 소식을 매우 반기고 있다. 최근 기간제교사노조의 설문 조사 결과를 보면, 많은 기간제 교사들은 차별과 부당한 대우를 당했을 때 참고 넘기고 있다고 답했다. 이번 사례는 기간제 교사들이 스스로 움직이고 나서면 작지만 중요한 변화를 이뤄 나갈 수 있다는 것을 보여 준 소중한 경험이다.

출처: 연은정, 〈노동자 연대〉 315호(2020-03-18).

방과후학교 강사의 목소리

"코로나19를 멈추기 위해 우리도 잠시 멈춰요."

요즘 서울 지하철 역사 곳곳에 붙어 있는 '잠시 멈춤' 캠페인 포스터 문구다. 그러나 임금이나 소득 보전이 보장되지 않는 한, 노동자에게는 공허하기 짝이 없는 요구다. 노동자에게 선택지는 무급으로 쉬거나, 감염 위험을 감수하고 일하거나 둘 중 하나일 것이기 때문이다.

얼마 전 콜센터 노동자들이 집단감염된 사례가 후자라면, 나와 같은 방과후학교 강사들은 전자에 해당한다. 방과후학교 강사는 수업을 한 만큼 학부모로부터 강사료를 받는 특수고용 노동자다. 실질적으로는 노동자이지만 정부는 우리를 개인사업자나 자영업자 취급한다.

그래서 코로나19 확산으로 2월 중순부터 남은 수업이 중단되고 3월 개학이 연기되자 약 12만 명으로 추산되는 방과후학교 강사들의 한 달치 강사료가 증발해 버렸다. 게다가 개학이 4월 6일로 재차 연기되면서 날벼락을 맞았다. 이대로라면 5월 중순에나 강사료가 지급될 것이다. 지역이나 학교에 따라 전년도 마지막 분기 방과후학교 수업일수가 짧은 경우도 있어 3개월 이상 무급으로 버텨야 할 강사들도 적지 않을 것이다.

강사들의 생계비는 강제로 '잠시 멈춤'을 당하고 있다. 월세며 휴대폰 요금, 카드 대금, 보험금, 학자금 대출 상환 등 각종 고지서들(즉, 기업들의 돈벌이)은 왜 '잠시 멈춤' 하지 않는지, 납부 독촉 전화가 올 때마다 속만 타 들어간다.(이 독촉 전화를 하려고 또 얼마나 많은 콜센터 노동자들이 위험을 무릅쓰고 일하고 있을까?)

그래서 두 방과후학교 강사 노조(공공운수노조 전국방과후학교강사지부, 서비스연맹 전국방과후강사노조)는 휴업에 대한 강사료 보전 대책을 마련하고 추경예산에 해당 재원을 반영하라고 교육부와 교육청에 요구해 왔다.

교육부는 개학을 추가 연기하면서 이번 추경에 편성된 지방교육재정교부금 약 2500억 원을 코로나19 대응에 사용하겠다고 발표했다. 그러나 여기서 방과후학교 강사 생계 대책은 찾을 수가 없다.

또한 추경에는 "영세사업장 노동자, 특수형태근로종사자, 일용직 등"에 지원하겠다며 '코로나19 지역고용대응 등 특별지원 사업' 몫으로 2000억 원이 배정됐다. 월 최저임금으로 나눠 보면 약 11만 명에게 지원할 수 있는 금액이다. 방과후학교 강사만 12만 명으로 추산되기 때문에 배제되는 직종이나 개인들이 나올 수밖에 없다. 도대체 11조 원이 넘는 '슈퍼 추경'은 다 어디에 쓰는 것인가?

유은혜 부총리 겸 교육부 장관이 3월 9일 한국학원총연합회와는 간담회를 했으면서 두 방과후학교 강사 노조의 면담 요구에는 그저 '방과후돌봄 담당 연구관'을 보낸 것도 기가 찰 노릇이다. "사교육비를 경감"할 목적으로 방과후학교를 운영한다더니(교육부 '2020 방과후학교 운영 길라잡이'), 정작 그 목적을 위해 헌신하고 있는 방과후학교 강사는 외면하고 사교육업체의 고충은 직접 나서서 들어준 것이다.

서울시교육청 등 일부 교육청들은 개학이 3월 23일로 연기됐을 때, 보충 강의 등을 통해서 방과후학교의 연간 총 수업시수를 보장하라는 공문을 각 학교에 보냈다. 그러나 강제력이 없어 이조차 개별 학교에서 잘 지켜질지 불안한 상황이었다. 그런데 개학이 추가 연기되면서 보충 강의를 할 수 있는 기간이 부족해졌다. 정부 차원의 강사료 보전 대책이 마련되고 재원이 확보돼야 하는 이유다.

지금과 같은 장기간 휴업은 전례 없는 규모의 일이지만, 사실 방과후학교 강사들에게는 휴업이 그리 낯설지 않다. 툭 하면 방과후학교 휴강을 하고서는 책임은 강사가 지게 한다. 학교 당국은 미리 납부된 수강료 중 휴강 일수를 제한 강사료를 지급하고서 수강생에게 환불하는 방식을 취하고 있다.

2014년 세월호 참사, 2015년 메르스, 2017년 포항 지진, 2018년 제주 식중독, 매년 찾아오는 태풍 등 각종 재난뿐 아니라 학교 건물 석면 제거 공사, 재량 휴업일, 체험 학습, 운동회 등 학교의 여러 일정까지 휴강 사유를 열거하자면 끝이 없다.

노조의 지속적인 요구 등을 반영해 경남교육청은 지난해부터 "강사 본인 귀책으로 인한 결강이 아닐 경우", 대구·광주·전북교육청은 올해부터 천재지변이나 재난으로 인한 휴강일 경우 [강사료를] 환불하지 않는다는 규정을 '방과후학교 길라잡이'에 신설했다. 전북교육청은 이번 2월 휴강에 대해 강사료의 70퍼센트를 교육청 지원금으로 보전해 주기도 했다.

그런데 경남교육청은 막상 코로나19로 개학이 연기되자 실제 방과후학교 수업을 시작하는 날짜에 맞춰 계약서를 변경하라고 학교들에 지시했다. 코로나19로 휴강한 기간을 계약 기간에서 제외해 신설한 규정을 적용하지 않으려는 꼼수다. 심지어 "3월 한 달은 [강사료를 보전해 줘야 하는 '월별 계약'이 아닌] 시수별 계약을 적극 권장"한다는 구체적인 지침까지 내렸다(전북교육청도 금액이 훨씬 큰 3월 강사료까지 보전해 줄지 지켜볼 일이다).

이처럼 방과후학교 강사는 실질적으로 학교에 종속돼 있다. 서울시교육청에 따르면 3월 16일 기준 서울 지역에서 휴원한 학원과 교습소는 전체의 약 24퍼센트인데, 방과후학교 강사는 교육부의 결정에 따라 100퍼센트 강제 휴업 상태다. 하지만 학원 지원 대책만 있을 뿐 방과후학교 강사 생계 대책은 전무한 아이러니가 벌어지고 있다.

또한 방과후학교 강사는 학교가 제시하는 대로 강사료를 받을 수밖에 없다. 재계약에 대한 불안 때문에 강사료 인상 얘기는 꺼내기도 어렵다. 이 때문에 강사료는 지난 10여 년 동안 제자리걸음이거나 삭감됐다. 영업을 할지 말지, 상품이나 서비스를 얼마에 팔지 스스로 정하지도 못하는 자영업자라니!

이번 코로나19 사태에서 보듯이 학교와 그 뒤에 있는 교육청, 교육부, 궁극적으로 정부는 방과후학교 강사에 대한 어떤 책임도 지지 않으려 한다. 서비스연맹 방과후강사노조는 9개월째 노조 설립필증도 못 받고 있다.

문재인 정부는 방과후학교 강사들의 생계 보전 대책을 즉각 마련해야 한다. 뿐만 아니라 코로나19 사태를 계기로 문제가 드러난 이때, 방과후학교 강사에 대한 학교, 교육청 등의 사용자성을 인정하고 안정적고용 방안이 반드시 마련돼야 한다.

학교 내 비정규직 노동자들의 처우를 개선하지 않고는 제대로 된교육과 돌봄을 말할 수 없다. 8년째 방과후학교 강사로 일하며 느낀것 중 하나는 아이들도 안다는 것이다. 누가 정규직이고 누가 비정규직인지.

출처: 임준형(공공운수노조 전국방과후학교강사지부 서울지회장), 〈노동자 연대〉 315호(2020-03-18).

학교 비정규직에게 휴업수당 지급하라

코로나19 확산으로 전국 유치원과 초·중·고의 휴업이 3주 연장됐다. 감염병 확산을 방지하기 위한 조처다. 그런데 정부와 교육청들은 휴업 조치의 고통을 학교 비정규직 노동자들에게 떠넘기고 있다.

학교 비정규직 노동자들은 "우리는 아무 때나 사용할 수 있는 물건이 아니다" 하고 외치며 항의 행동에 나섰다. 전국학교비정규직연대회의(공공운수노조 전국교육공무직본부, 서비스연맹 전국학교비정규직노조, 전국여성노조)는 3월 9일 '코로나19대책 비정규직 차별 정부·시도교육청 규탄 투쟁 선포 기자회견'을 열었다.

전국학교비정규직노조는 3월 11일 청와대 근처에서 기자회견을 했는데, 경찰은 코로나19 예방 차원에서 청와대 근처 집회를 금지한다며 기자회견 진행조차 가로막았다.

급식종사자, 특수교육지도사, 방과후학교 강사 등 방학 때 근무하지 않는 노동자들은 방학에 이어 3월에도 월급 '보릿고개'를 맞고 있다. 정부와 교육청들은 이 노동자들에게 휴업 기간에 출근하지 말라고 하며, 휴업 기간에 임금을 지급하지 않으려 한다. 노동자들이 휴업수당을 요구하자, 고용노동부는 '학교 비정규직은 교직원이 아니므로 휴업 수당을 주지 않아도 된다'는 해석을 내놨다. 교육청들이 내놓은 대책은 근무 일수를 보장하고 가불을 해 주겠다는 것뿐이다. 노동자들은 "교육청이 대부 업체냐?"며 반발하고 있다.

노동자들은 이번 주에 휴업수당을 요구하며 출근 투쟁을 벌였다. 학교는 비정규직의 학교 출입을 막았다. 노동자들은 정부와 교육청들이 자신들을 유령 취급하는 것에 분통을 터트렸다.

정의당 주최 '코로나19 민생피해 대책회의'에 참여한 양선희 전국교육공무직본부 경기지부 노동안전위원장은 이렇게 고발했다. "출근하겠다 선언을 하고 학교로 갔더니 우리가 마치 바이러스라도 되는 양 출입 통제문을 붙여 놓고 노무 수령 거부 통지서를 공문으로 보냈습니다."

정부는 개학을 연기하는 대신 '긴급돌봄정책'을 제공하겠다고 발표했다. 휴업 기간에 돌봄서비스를 오전부터 저녁까지로 확대한다는 것이다.

그런데 돌봄교실에 대한 방역 대책은 매우 허술하다. 전국학교비정규직노조가 발표한 돌봄교실 안전 대책 및 운영에 관한 설문 조사 결과를 보면, 코로나19 사태 이후 단 한 번도 방역 소독이 실시되지 않았다고 대답한 비율이 43퍼센트에 이른다. 심지어 손 소독제, 마스크, 체온계 등이 제대로 갖춰져 있지 않다는 응답도 58퍼센트나 됐다.

한편, 긴급돌봄교실 운영의 책임은 비정규직 돌봄전담사들에 떠넘겨져 있다.

경기 부천에서 돌봄전담사로 일하고 있는 전국학교비정규직노조 조선희 조합원은 정부의 무대책을 신랄하게 비판했다. "방학의 연장이라고 하면서 [기존 학생들에다] 2020년 신입생까지 같이 돌보라고 합니다. 오전에는 4시간 [시간제 돌봄] 선생님들이, 오후에는 6시간 [시간제 돌봄] 선생님들이 종사합니다. 그럼에도 마스크 한 장 없습니다. 아이들에게는 무료 급식을 하지만, 저희에게는 밥값이 없습니다."

코로나19 사태로 인해 학교 돌봄의 중요성이 새삼 확인되고 있다. 그럼에도 초등 돌봄 노동자 80퍼센트는 시간제다. 시간제 노동자들은 저질 일자리에서 벗어나고자 상시전일제로 전환을 바란다. 노동자들의 처우가 개선돼야 양질의 돌봄교실 운영도 가능하다.

다른 한편 방학 중에도 근무하는 비정규직들에게는 재택근무를 불허하고 안전 대책이 없는 학교를 지키라고 하고 있다. '물리적 거리 두기'를 하라고 떠들면서도 정작 학교 비정규직들을 위한 대책은 전혀 내놓지 않고 있는 것이다.

정부는 코로나19 사태 대처로 11조 7000억 원 규모의 추가경정예산안을 편성했지만, 월급이 줄어들면 생계가 막막해지는 학교 비정규직에 대한 지원은 전혀 되지 않고 있다.

교육청 앞 농성과 학교 출근 투쟁 등 노동자들의 항의 행동이 이어지자, 일부 교육청들은 약간의 양보안을 내놓았다. 서울시교육청은 방학 중 비근무자에게 3월 22일까지 3일의 출근일을 부여하고, 3월 출근일이 10일 미만이어도 정액급식비를 전액 지급하겠다는 방안을 발표했다.

그러나 휴업 기간을 유급 근로일로 보장하고 휴업수당을 지급하라는 요구에는 여전히 묵묵부답이다. 돌봄교실에 대한 대책도 없다. 정부와 교육청들은 코로나19 대책 관련 학교 비정규직 차별을 중단하고 처우 개선과 안전 대책을 마련하라.

출처: 신정환, 〈노동자 연대〉 315호(2020-03-12).

보육 교사 임금 삭감 문제를 해결하라

3월 17일 민주노총 공공운수노조 보육지부는 코로나19로 인한 어린이집 휴원 기간에 어린이집 원장들이 보육 교사들에게 무급 처리와 연차휴가 사용을 강요하는 실태를 고발하는 기자회견을 열었다.

보건복지부는 어린이집 휴원 기간에 등원 아동이 감소해도 '출석 인정 특례'로 인정해 보육료, 인건비, 수당을 정상 지원하겠다는 지침을 발표한 바 있다. 하지만 "어린이집 원장들이 임의로 조정한 출근 일정을 통보·강요하며 출근하지 않는 날짜를 무급휴가로 처리하고 연차 사용을 강제하"고 있다. 이것은 "임금을 깎기 위한 꼼수"(함미영 공공운수노조 보육지부장)다.

이 기자회견에서는 노조가 3월 8~10일 사흘간 보육 교사들에게 설문 조사한 결과를 발표하며 어린이집 원장들의 임금 삭감 행태를 고발했다. 설문 조사 참여자 781명 중 33.7퍼센트가 전원 출근하지 않거나 일부만 출근하고 있다고 응답했는데, 이들 중 14.4퍼센트가 출근하지 않은 날에 대해 모두 무급 처리됐다고 응답했다. 원장의 강요에 따라 연차휴가를 사용했다고 한 보육 교사의 비율은 26.6퍼센트였다.

국공립 어린이집의 경우 무급은 아니지만 연차휴가 강제 사용 응답률이 70.6퍼센트에 달했다.

상황이 이런데도 정부는 보육 교사들을 위한 실효성 있는 대책을 내놓지 않고 있다. 함미영 공공운수노조 보육지부장은 정부의 무대책을 다음과 같이 비판했다. "보건복지부는 [원장이] 무급을 강요하는 행위 등은 언급하지도 않았고, 긴급 보육을 제대로 시행하지 않는 경우에 학부모들이 신고할 수 있는 센터만 열어 뒀다. 정부가 해당 지침을 내리고, 긴급 돌봄을 위한 돈을 주기로 했다 해서 역할이 끝나는 게 아니다. 더구나 정부의 지침을 보육 교사들에게 투명하게 공개하지도 않았다."

함미영 지부장은 "국가적 재난을 기회로 삼아 이윤을 취하는 자들을 고발할 것"이라며 "정부는 원장의 불법 행위를 방지하고 적극적인 관리·감독을 해야 한다"고 촉구했다.

보육 교사들은 최근 개학이 2주 더 연장되면서 더 많은 피해를 보게 됐다. 이들은 이달 말에 임금을 받는데, 급여가 제대로 지급되지 않을 것이라며 분노하고 있다.

보육 교사들은 코로나19 확산의 어려운 조건에서도 아이들의 안전과 건강을 책임지고 있다. 정부는 보육 교사들의 임금 삭감 문제를 책임지고 해결해야 한다.

출처: 김은영, 〈노동자 연대〉 315호(2020-03-17).

플랫폼 노동자의 안전과 생계를 책임져라

3월 12일 새벽 배송을 하던 쿠팡 비정규직 배송 기사가 건물 계단에서 숨진 채 발견됐다. 고인은 코로나19로 배송 물량이 폭증해 쉬지 못하고 밤새 일해야 했다.

쿠팡 기사의 죽음은 코로나19 사태가 노동계급에게 미친 참상을 드러냈다. 코로나19로 경기가 위축됐지만 온라인 쇼핑, 물류, 배달 업체들은 폭증한 수요에 웃음을 감추지 못하고 있다. 기업주들은 이윤을 위해 노동자들을 과로와 감염 위험 속으로 마구 몰아넣고 있다.

이런 위험에서 플랫폼 노동자들도 예외가 아니다. 저임금, 노동법 사각지대라는 '기저 질환'을 앓는 플랫폼 노동자들은 더 심하게 몸살을 앓고 있다. 배송업계에 플랫폼 노동이 확대돼 온 탓에 많은 노동자들이 제대로 된 안전 대책도 없이 과로와 감염 위험에 시달리고 있다.

최근 쿠팡은 늘어난 배송량에 기존 노동자들로 감당이 안 되자 자가용으로 물건을 운반하는 시간제 아르바이트 '쿠팡 플렉스'를 3배나 늘렸다. 하지만 쿠팡 사측은 쿠팡 플렉서가 개인사업자라는 이유로 마스크와 손 소독제를 지급하지 않았다.

2월 24일에는 '배달의 민족' 배달 기사가 코로나19에 감염됐다. 감염에 무방비로 노출되고, 이곳 저곳을 옮겨 다니는 플랫폼 노동자들은 슈퍼 전파자가 돼도 이상하지 않다.

하루아침에 실업자가 된 노동자들도 속출하고 있다. 플랫폼으로 일자리를 찾는 육아도우미, 가사도우미들이 생계를 잃었다. 회식과 술자리가 줄자 대리기사들도 일거리가 절반으로 감소했다. 하지만 그간 기사들을 부려 먹은 대리운전 업체들은 나 몰라라 한다.

"한 업체는 '안전에 유의하시고 마스크 착용과 손 씻기 철저히 해 주시길 바란다'는 문자만 하나 보냈습니다. 또 다른 업체는 마스크 쓰고 가라고 하면서 정작 마스크를 주진 않죠. 술 취한 손님들은 마스크를 잘 안 씁니다. 차 안이라는 밀폐된 공간에서 기사들은 불안감이 큽니다."(이창배 전국대리운전 노동조합 서울지부 사무국장)

라이더유니온, 서비스연맹 배민라이더스지회 등 배달 플랫폼 노동자를 조직한 노동조합들은 코로나19 안전 대책을 요구해 왔다. 고객과의 비대면 조치, 마스크와 손 세정제 제공, 자가 격리자에게 렌탈비 부과 금지와 최소 2주간의 생계비 지원 등. 노동자들이 요구해 이것들을 대부분 쟁취해 냈다.

대리운전노조는 마스크와 세정제 등 보호구 전면 지급, 생계 대책 마련, 특수형태근로종사자 노동기본권 보장 등을 요구하고 있다.

위와 같은 요구들은 시급하고 필수적이다. 플랫폼 기업들은 책임 회피 말고 노동자들의 안전과 생계를 책임져야 한다.

출처: 양효영, 〈노동자 연대〉 315호(2020-03-18).

코로나19 대책에서 이주민 차별 마라

3월 6일 '이주노동자 차별철폐와 인권·노동권 실현을 위한 공동행동'을 포함한 이주인권 단체들이 공동 성명을 발표해 마스크 구매에서도 차별받는 이주민들의 처지를 알리고, 제대로 된 정부 대책을 요구했다.

이 단체들은 "코로나19 사태가 심각 단계로 격상되면서 250만 체류 이주민들의 걱정과 우려도 커지고 있다"면서 "정부와 지자체의 대책은 미흡하고 부실하며 심지어 차별적"이라고 비판했다.

정부가 3월 5일 발표한 '마스크수급 안정화 대책'을 보면, 이주민이 공적 마스크를 구매하려면 건강보험증과 외국인등록증을 모두 제시해야 한다. 이주인권 단체들은 이런 조처 때문에 "건강보험에 가입하지 못한 6개월 미만 체류 이주민, 유학생, 사업자등록 없는 사업주[에게 고용된] 특히 농어촌지역에서 일하는 이주노동자, 미등록 체류자 등 수십만 명이 광범위하게 배제"된다고 지적했다. 가뜩이나 마스크 가격이 크게 오른 상황에서 이주민과 난민들이 시중에서 마스크를 구입하려면 경제적 부담이 만만찮은데 말이다.

이주민들이 코로나19와 관련된 여러 정보를 신속히 얻기가 어려운 현재 상황도 비판 대상이다. "이주민들이 많이 접속하는 사이트에 코로나 [관련 정보] 페이지를 만들어 다국어 정보를 시시각각 제공하는 것은 충분히 가능하고 시급히 시행해야 한다."

출처: 김지윤, 〈노동자 연대〉 315호(2020-03-09).